沥青路面再生关键技术与工程实践

郭德栋　赵佃宝　王明星　刘定清　孙大志　著

中国水利水电出版社
www.waterpub.com.cn
·北京·

内 容 提 要

沥青路面废旧材料的再生利用不仅能节约大量资源，同时能够保护生态环境，对道路交通的可持续发展有着重要作用。本书主要针对厂拌热再生、就地热再生、厂拌冷再生、就地冷再生等沥青路面再生利用技术，主要分析和探究了沥青路面再生利用的难点问题，内容包括再生机理、RAP 检测方法、再生沥青混合料的二次老化机制、热再生过程中旧矿料的颗粒迁移行为以及再生沥青路面的长期性能等方面，并结合具体的工程案例，对以上再生关键技术进行了工程应用与实践。

本书可供从事沥青及沥青混合料研究、生产以及沥青路面设计、施工与养护的工程技术和管理人员参考，也可作为高等院校道路工程专业师生的教学参考用书。

图书在版编目（ＣＩＰ）数据

沥青路面再生关键技术与工程实践 / 郭德栋等著
. -- 北京 : 中国水利水电出版社，2018.9 （2024.8重印）
ISBN 978-7-5170-6875-4

Ⅰ. ①沥… Ⅱ. ①郭… Ⅲ. ①沥青路面－再生路面－道路工程－研究 Ⅳ. ①U416.217

中国版本图书馆CIP数据核字(2018)第208740号

书 名	**沥青路面再生关键技术与工程实践** LIQING LUMIAN ZAISHENG GUANJIAN JISHU YU GONGCHENG SHIJIAN	
作 者	郭德栋　赵佃宝　王明星　刘定清　孙大志　著	
出版发行	中国水利水电出版社 （北京市海淀区玉渊潭南路 1 号 D 座　100038） 网址：www. waterpub. com. cn E-mail：sales@ waterpub. com. cn 电话：（010）68367658（营销中心）	
经 售	北京科水图书销售中心（零售） 电话：（010）88383994、63202643、68545874 全国各地新华书店和相关出版物销售网点	
排 版	北京智博尚书文化传媒有限公司	
印 刷	三河市元兴印务有限公司	
规 格	185mm×260mm　16 开本　12 印张　287 千字	
版 次	2019 年 1 月第 1 版　2024 年 8 月第 3 次印刷	
印 数	2001—2200册	
定 价	59.00 元	

前　言

截至 2017 年底，全国高速公路通车里程达到 13. 7 万公里，公路通车总里程达到 477 万公里。我国公路总体已从"建设为主"转至"建设与养护并重"的阶段，甚至部分地区已率先进入"养护为主"的最终阶段。公路养护与维修过程中会产生大量的废旧路面材料，随着路网的不断完善，该数量还在不断增加。废旧路面材料不仅占用大量的土地，造成周边环境的污染，而且每年公路建设中大量新石料的开采也会带来新的生态破坏。采用再生技术使旧路面材料得到重新利用，是一项符合可持续发展理念的有效措施，对于优质筑路资源缺乏的地区，研究沥青路面再生技术更有着十分重大的工程实用价值。

沥青路面再生利用技术在欧美等发达国家的应用由来已久，属于成熟并普及的技术，部分国家和地区还将沥青路面再生作为强制性措施，甚至写入法律。总体来看，我国对废旧沥青路面材料的再生利用效率和质量尚存在诸多不足，2012 年交通运输部下发了《交通运输部关于加快推进公路路面材料循环利用工作的指导意见》，指出路面材料循环利用是公路交通行业节能减排工作的重点之一，也是转变公路交通发展方式的重要内容。可以预见在今后一段时期内，沥青路面再生利用技术必将得到越来越多的重视、研究和应用。沥青路面再生利用技术总体较为复杂，即便在全世界范围内，也还有众多难以完全认知和解决的技术难题。本书依托各类科研课题，结合工程实践，通过室内试验、理论分析和试验段铺筑等多种手段对各类沥青路面再生的关键技术进行了研究和探索，并进行了实体工程应用，形成了具有一定参考和应用价值的结论和成果。

本书中的研究成果形成过程中，得到诸多业内单位和同行的帮助，山东省交通运输厅公路局李英勇、孙杰，日照市公路管理局张春海、刘兆平、李宜锋，日照交通发展集团盛余祥、孟令军、安平，济南通达公路工程有限公司刘国桢、李涛，山东交通学院李晋、李超等完成了大量的研究和应用工作，在此表示由衷感谢。

本书由山东交通学院"道路交通应急保障技术研究团队"获批的"山东省高等学校优势学科人才团队培育计划"经费资助出版。

囿于作者水平，书中难免有不足之处，敬请批评指正。

编　者
2018 年 8 月

目　　录

第一部分 沥青路面再生技术与发展趋势

我国公路建设逐渐由"建设为主"转入"建设与养护并重"的阶段，每年都会产生数以亿吨的废旧沥青路面材料。沥青路面的再生利用技术得到越来越多的重视和应用。

本部分主要阐述了沥青路面再生技术的分类以及国内外的应用概况，重点分析了国内外沥青再生技术中存在和待解决的 5 项关键问题，指出了沥青路面再生技术的发展趋势。

■ **第 1 章** ■

沥青路面再生技术现状

自 20 世纪 90 年代以来，我国高速公路建设事业发展迅速，高速公路作为骨架将国家公路串联起来，为我国经济和社会的发展作出了巨大贡献。截至 2017 年底，全国高速公路通车里程达到 13.7 万 km，公路通车总里程达到 477 万 km。运营的高速公路当中 90% 以上采用的是沥青路面，通常设计使用年限为 15 年，但受交通量的不断增长、重载超载车辆的增加以及温度、紫外线等复杂自然环境的综合影响，加之材料质量参差不齐、施工质量控制不当等人为因素，部分沥青路面在建成后 2~3 年即会出现不同程度的早期病害，在运营 6~8 年后就进入了大面积养护维修阶段，出现车辙、松散、裂缝等病害。目前我国高速路网大中修的比例已达到 17% 左右，在每年大中修工程中都会产生大量的废旧沥青路面材料，据相关测算可达1.6 亿 t。

对我国这种资源较为匮乏的国家来说，如果采用抛弃这种简单的方式处理旧路面材料，不仅是一种极大的资源浪费，而且废料会占用大量的土地，造成周边环境的污染。另外，大量新石料的开采也会带来严重的生态环境破坏。采用再生技术，使旧路面材料得到重新利用，是一项符合可持续发展规律的有效措施。特别对于优质筑路资源缺乏的地区，研究沥青路面再生技术更有着重大的工程实用价值。

沥青路面再生利用技术是将需要翻修或者废弃的旧沥青路面材料（主要是面层材料，包括部分基层材料）经过翻挖、回收、破碎、筛分，再与新集料、稳定剂适当配合，重新拌制形成具有要求路用性能的再生混合料，摊铺及压实成型后重新形成具有所需承载能力结构层的一种工艺方法。旧沥青路面材料的再生利用技术属于道路维修的范畴，其分类很多：按照旧料再生方式的不同可以分为热再生和冷再生；按照旧料再生形成路面层位的不同可以分为再生面层和再生基层或底基层；按照再生地点的不同可以分为现场再生和厂拌再生等。

1.1 沥青路面再生技术的分类

按照《公路沥青路面再生技术规范》(JTG F41—2008) 中的分类，我国将沥青路面再生技术分为就地冷再生、厂拌冷再生、就地热再生、厂拌热再生 4 类，其中就地冷再生根据再生深度的不同分为沥青层就地冷再生和全深式就地冷再生，就地热再生又根据再生工艺的不同分为复拌再生和加铺再生。

▋ 1.1.1 就地冷再生

沥青层就地冷再生是采用专用的就地冷再生设备，对沥青路面进行就地冷铣刨、破碎和筛分（必要时），掺入一定数量的新集料、再生结合料、活性填料（水泥、石灰等）、水，经过常温拌和、摊铺、碾压等工序，一次性实现旧沥青路面再生的技术。就地冷再生处置的深度一般为 75~100 mm。

全深式冷再生是采用全深式冷再生设备对沥青面层及部分基层进行就地翻松，或是将沥青层部分或全部铣刨移除后对下承层进行就地翻松，同时掺入一定数量的新集料、再生结合料、水等，经常温拌和、摊铺、碾压等工序，一次性实现旧沥青路面再生的技术。再生结合料可以为乳化沥青、泡沫沥青、水泥或石灰。如采用水泥或石灰作为再生结合料，则铣刨深度范围内沥青层的厚度比例宜小于 50%。再生深度为 100~300 mm。

图 1.1 所示为沥青层就地冷再生示意图。

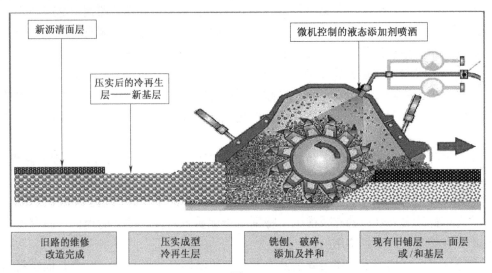

图 1.1

就地冷再生的工程适用性：

（1）半刚性基层完整或基层局部破坏比例很小且可以修复的沥青路面。

（2）旧路状况评价指标与标准为弯沉平均值≤0.30 mm；当弯沉平均值>0.30 mm 时，通过取芯进一步评价基层状况。

就地冷再生的优点是能够对大多数路面破坏类型进行结构性的处治，改善行驶质量，对空气污染最小，运输量最小，能够拓宽路面。就地冷再生技术的缺点是施工工艺比较复杂，施工时很难控制质量，施工后需要罩面。

1.1.2　厂拌冷再生

厂拌冷再生技术是通过将旧路面沥青混合料运至拌和厂站，通过旧料的破碎、筛分处理，掺入适当比例的新集料、新沥青、再生结合料以及水泥、石灰等活性填料，并与水进行常温拌和，形成所需路面铺筑材料的施工技术。

厂拌冷再生的工程适用性：

（1）修复面层和基层的病害。

（2）对反射裂痕和行驶质量低下等病害的修复效果良好。

（3）可改善路面几何和线形与修复任何类型的裂缝。

厂拌冷再生技术的优点在于其工艺相对比较简单，施工过程简单明确，所形成的再生混合料质量水平较高。与厂拌热再生技术相比，冷再生不需要加热等处理，其适用的范围更广。并且冷再生材料拌和过程中不需要特殊保温措施，可以有效地降低施工所需能耗，有效降低环境污染物的排放。厂拌冷再生混合料主要用作基层或底基层，这种工艺先铣刨沥青路面材料，运回稳定土搅拌厂，经过破碎作为稳定土骨料，加入水泥或石灰、粉煤灰、乳化沥青等稳定剂和新料（必要时）进行搅拌，然后铺筑于基层或底基层。这项技术虽未充分利用废弃材料中的旧沥青，但其生产过程几乎不需要专用设备就可实现。对于不能热再生回收的旧料（如改性沥青混合料、老化严重难以再生的混合料），这种方式可以有效解决旧料废弃和环境污染问题，在国外被普遍采用，实践证明其具有相当重要的应用价值。

厂拌冷再生技术的缺点在于冷再生形成的混合料强度增长速度较慢，并且需要在冷再生表面铺设一定厚度的罩面。

1.1.3　就地热再生

就地热再生是一种沥青路面的预防性养护技术，采用专用的就地热再生设备，对沥青路面进行加热、铣刨，就地掺入一定数量的新沥青、新沥青混合料、再生剂等，经热拌和、摊铺、碾压等工序，一次性实现对表面一定深度范围内的旧沥青混凝土路面再生的技术，它可分为复拌再生和加铺再生两种。

（1）复拌再生：将旧沥青路面加热、铣刨，就地掺加一定数量的再生剂、新沥青、新沥青混合料，经热态拌和、摊铺、压实成型。掺加的新沥青混合料比例一般控制在30%以内。

（2）加铺再生：将旧沥青路面加热、铣刨，就地掺加一定数量的新沥青混合料、再生剂、拌和形成再生混合料，利用再生复拌机的第一熨平板摊铺再生混合料，利用再生复拌机的第二熨平板同时将新沥青混合料摊铺于再生混合料之上，两层一起压实成型。

沥青路面热再生采用道路石油沥青作为再生结合料，必要时掺加再生剂。同时，宜在10 ℃以上气温条件下进行施工。

就地热再生的工程适用性：该技术广泛应用于高速公路、二级以上公路的沥青路面养护维修，通过就地热再生能够实现对路面深度以下 60 mm 范围内的中上面层病害进行处理。

就地热再生限制条件：

（1）设备投资大，一套"再生列车"要上千万元。

（2）现场施工质量较难控制。因为现场热再生过程是一个连续的动态过程，要控制好质量就需要对路面进行实时检验。

（3）由于现场就地热再生生产过程要根据需要添加一定量的新料，所以维修后的路面标高会增加。

（4）就地热再生过程中的热料所释放的有毒蓝烟，目前无法集中处理。

（5）一个工地的再生料无法摊铺到其他工地，也就是说，高等级路面的再生料无法使用到低等级的路面上。

就地热再生技术的优点：

（1）实现了就地沥青路面再生利用，节省了材料运输费用。

（2）施工对道路正常交通的影响小。

（3）修正了旧路面的级配组成，修正了表面破坏。

（4）改善纵断面、路拱和横坡。

就地热再生技术的缺点：

该方法的缺点在于再生深度受到限制，仅有 2.5~6 cm，适用于有轻微病害的路面。并且由于就地施工，对于旧沥青混合料中无法利用的成分无法去除，混合料的级配很难有较大幅度的调整。

■ 1.1.4 厂拌热再生

厂拌热再生技术是通过将回收的沥青路面材料运到拌和厂或拌和站，经过粉碎、筛分等预处理程序，按照一定的比例与新集料、新沥青、再生剂等材料进行加热拌和，最终形成用于路面铺装的混合料。对于间歇式的拌和厂站来说，再生混合料中可以掺加的回收材料的比例达到 15%~25%。因此，通过厂拌再生混合料技术能够实现旧料的再利用，并形成与传统修筑路面性能相当的再生路面。

在厂拌热再生方法中，因添加了新骨料、新沥青和再生剂等新组分，故应针对再生沥青混合料拟用层面进行专门的材料性能配比设计，同时也应进行相应的拌制及摊铺工艺设计。因此，沥青混凝土层的重铺也可以和新路施工一样，分别按下面层、中面层和上面层（磨耗层）的不同技术要求进行。

1.2 国内外应用概况

■ 1.2.1 国外应用概况

国外对旧沥青路面再生利用研究，最早是从 1915 年在美国开始的，但以后由于大规模的新路建设，对这项技术没有引起足够的重视，再生沥青路面铺筑的里程进展甚慢。1973年石油危机爆发，由于可用于交通运输设施建设资金减少，燃油供应困难，加之严格的环保法制，使砂石材料的生产受到限制等条件的影响，美国在1974年开始研究沥青路面再生技术，并且迅速在美国推广应用。至1981年，美国交通运输研究委员会编制出版了《路面废料再生指南》，同年，美国沥青协会出版了《沥青路面热拌再生技术手册》，1983年又出版了《沥青路面冷拌再生技术手册》，这表明美国的沥青路面再生技术已经达到相当成熟的地步。到20世纪80年代末美国再生沥青混合料的用量几乎为全部路用沥青混合料的一半，并且在再生剂开发、再生混合料的设计、施工设备等方面的研究也日趋深入。沥青路面的再生利用在美国已是常规实践，而且每当新材料用于沥青路面时，都要说明是否会影响路面的再生利用。目前其重复利用率高达80%，相比常规全部使用新沥青材料的路面，节约成本10%~30%。

西欧国家也十分重视这项技术，联邦德国是最早将再生料应用于高速公路路面养护的国家，1978年就将全部废弃沥青路面材料加以回收利用。芬兰几乎所有城镇都组织旧沥青路面材料的收集和储存工作。法国现在也已开始在高速公路和一些重交通道路的路面修复工程中推广应用这项技术。欧美等发达国家都特别重视再生沥青实用性的研究，其在再生剂的开发以及实际工程应用中的各种挖掘、铣刨、破碎、拌和等机械设备的研制方面都取得了很大的成就，正逐步形成一套比较完整的再生实用技术，达到了规范化和标准化的程度。

日本是资源缺乏的国家，1973年石油危机后日本加大对旧沥青路面再生利用方面的研究，1984年7月，日本道路协会出版了《路面废料再生利用技术指南》，并且就有关厂拌再生技术编制了手册。1980年厂拌再生沥青混合料累计达50万t，到2002年再生沥青混合料已达4 167万t，占全年沥青混合料产量的54.77%。到2009年，几乎每个拌和站都具备生产再生沥青混合料的能力，修筑道路70%左右使用再生沥青，极大地节约了材料和资金投入，并且能够保护环境。

对于沥青路面再生技术的可靠性问题，澳大利亚Austroads在其1997年的《沥青混凝土路面再生指南》中指出，利用60%RAP（再生沥青混合料）的沥青路面使用寿命与传统沥青路面相同，而抗车辙能力却得到增强。美国在20世纪80年代中后期到90年代发表的系列研究报告表明，再生沥青混凝土路面与全新沥青混凝土路面比较，路用性能和使用寿命并没有明显的区别，美国国家沥青技术中心（National Center for Asphalt Technology, NCAT）的《国家和地方政府路面再生指南》也阐明了同样的观点。日本道路协会的《厂拌再生沥青铺装技术指南》也认为，将热拌再生沥青混合料应用于条件苛刻的重交通道路（D交通）路面的调查结果表明，只要对热拌再生沥青混合料进行恰当的质量控制管理，铺装后的性能与只用新料铺装的路面性能没有区别。

■ 1.2.2 国内应用概况

从20世纪80年代中后期我国由于经济建设的需要，开始进行大规模的公路建设，特别是高速公路建设的展开，人力、物力的不足，对沥青路面再生技术不够重视，致使我国在旧沥青路面再生技术研究的深化方面基本上处于停滞状态。近几年某些公路单位又开始尝试着将旧沥青路面简单再生后用于中轻交通量公路或道路基层，如1992年同济大学在淮阜路采用阳离子乳化沥青进行冷法再生沥青路面试验. 1997年江苏淮阴市公路处用乳化沥青冷法再生旧料后铺筑路面，都取得了一定效果。

在就地热再生技术方面，我国从 20 世纪 90 年代起陆续从日本、德国、加拿大、芬兰等国引进了近 10 套就地热再生机组。从 2003 年起，京津塘高速公路、京石高速公路、四川成渝高速公路、京福高速公路山东段、沪宁高速公路、京珠高速公路河北段、广深高速公路等都成功实施了面积不等的沥青路面就地热再生。至 2004 年国内沥青路面就地热再生累计实施面积已接近 400 万 m^2。在厂拌热再生技术方面，2004 年，广东省结合广佛高速公路大修工程，采用双滚筒连续式沥青混凝土再生拌和设备，成功应用了厂拌热再生技术对旧沥青混合料进行再生，并用于沥青路面下面层。

自 2000 年起，我国对沥青路面再生技术的重视程度明显增加，在《"十二五"公路养护管理发展纲要》中将沥青路面的再生利用列为公路养护与管理工作的基本原则。2012 年交通运输部又下发了《交通运输部关于加快推进公路路面材料循环利用工作的指导意见》（以下简称《意见》），明确指出公路路面材料循环利用是潜力巨大、效果突出的建设养护环保技术之一。据测算，我国仅干线公路大中修工程，每年产生沥青路面旧料达 1.6 亿 t，水泥路面旧料达 3 000 万 t。然而，据统计，截至 2011 年，我国公路路面材料循环利用率不到 30%，远低于发达国家 90% 以上利用率的水平。加快推进公路路面材料循环利用工作，对促进公路交通事业可持续发展，节约资源、降低排放及保护环境具有重要意义。《意见》中明确了发展目标到"十二五"末，全国基本实现公路路面旧料"零废弃"。路面旧料回收率（含回收和就地利用）达到 95% 以上，循环利用率（含回收后再利用和就地利用）达到 50% 以上，其中，东、中、西部分别达到 60% 以上、50% 以上、40% 以上。到 2020 年，全国公路路面旧料循环利用率达到 90% 以上。高速公路到"十二五"末，路面旧料回收率达到 100%，循环利用率达到 90% 以上，其中，东、中、西部分别达到 95% 以上、90% 以上、85% 以上。到 2020 年，高速公路路面旧料循环利用率达到 95% 以上，普通干线公路到"十二五"末，路面旧料回收率达到 95%，循环利用率达到 70% 以上，其中，东、中、西部分别达到 80% 以上、70% 以上、60% 以上。到 2020 年，普通干线公路路面旧料循环利用率达到 85% 以上。农村公路在"十二五"期间，要积极开展路面旧料的回收与循环利用，到 2020 年，基本实现路面旧料的回收与循环利用。同时，交通运输部还专门安排了交通运输节能减排专项资金。

第 2 章

沥青路面再生技术发展趋势

实践证明，再生路面与同类型的全新沥青路面相比较，无论从外观还是从实际使用效果上都没有明显差别。用旧沥青路面材料铺筑的再生路面，要比新沥青路面热稳性好得多，夏季无泛油、推挤、波浪等现象，路面平整坚实。再生路面在防水、防滑性能上也能满足要求。尽管如此，仍然有许多问题有待进一步深入研究。

2.1　RAP 的高效再生利用技术

我国每年都要产生几亿吨的废旧沥青路面材料，在回收利用的过程中，尤其是厂拌热再生沥青路面再生技术，主要存在以下问题。

1. 再生利用率低

美国联邦公路局（FHWA）1998 年公布的资料表明，所有 50 个州的政府公路局几乎都将沥青路面旧料作为骨料及黏结料的代替材料，用以生产与传统沥青混合料品质相同的热拌再生沥青混合料，其中旧料的添加量随各州政府的规范而异，一般在 10%~50%。而我国厂拌热再生沥青混合料中通常情况下 RAP 的掺量为 20%~30%。此外，由于 RAP 中的级配偏细，再生利用后仍有大量的细颗粒材料无法有效利用，造成浪费。

2. 再生设备改造困难且成本高

普通的沥青拌和站需要通过改造升级才能生产热再生沥青混合料，按照路面不同层位的技术要求，灵活调整旧沥青混合料、新集料和新沥青的加入比例，边加热边搅拌，使成品再生沥青混合料达到铺设沥青路面的技术标准，是对厂拌热再生拌和设备的基本要求。新集料需加热烘干，而旧料中的沥青在高温下会分解，因此，旧沥青混合料不能在烘干筒里与新集料同时加热，旧沥青混合料的加入地点和升温方式成为主要矛盾。

3. RAP 加热工艺方面

2010 年前后美国加利福尼亚州在厂拌热再生中，应用微波技术和高速热气流传热再生技术，使 RAP 的掺配率达到了 90%~100%。长安大学任栓哲提出在间歇式设备第二烘干筒采用四段式的设计方案，不同区段采用不同的叶片结构，从而防止火焰直接接触沥青，造成沥青的二次老化，同时提出采用热气直接加热 RAP 料的安全温度范围为 450 ℃±50 ℃，并建议用加热前后回收沥青的三大指标变化值作为热气安全温度的控制标准。东南大学倪富健等对比在不同拌和成型温度下添加温拌剂和不加温拌剂的再生沥青混合料马歇尔体积参数，确定添加温拌剂的再生沥青混合料最佳拌和出料温度为 140 ℃，相比热拌再生沥青混合料出料温度降低了 20~30 ℃，说明在厂拌热再生中采用温拌技术能有效解决 RAP 掺量高于 30% 时再生混合料出料温度难满足要求这一问题。通过室内实验研究新旧料不同预热温度下再生混合料的出料温度，并考虑 RAP 不同掺量的影响，最终确定 RAP 采用固定的预热温度为 100 ℃，新集料的预热温度随 RAP 掺量的变化而变化，RAP 掺量 30%、40% 和 50% 对应新集料的预热温度分别为 190 ℃、205 ℃ 和 215 ℃。

4. 高掺量热再生混合料组成设计方面

东南大学倪富健等在添加再生剂和 SBR（丁苯橡胶）胶乳的基础上，加入新 SBS（苯乙烯）改性沥青可以进一步改善再生沥青的各项性能，同时调和后沥青的针入度、黏度、软化点基本符合调和沥青的理论公式，而延度指标对应关系不明显，表现为新沥青加入后调和沥青的延度有一定程度的增长。通过再生剂和 SBR 胶乳的再生作用以及新沥青的进一步调和作用，SBS 改性沥青的技术要求为标准，再生混合料中 RAP 的掺配比例最大可达 50%。

5. 高掺量热再生沥青路面长期性能方面

A. Hussain 通过室内试验研究了 RAP 料掺量对热再生沥青混合料马歇尔指标的影响，结果发现再生混合料具有更高的稳定度和流值。Lachance 研究 RAP 掺量 0%、15%、25% 和 40% 条件下，混合料的体积参数变化，研究表明矿料间隙率和沥青饱和度随着 RAP 掺量的增加而增大。

Luis Loria 通过对加拿大马尼托巴地区 RAP 料掺量高达 50% 的热拌沥青混合料路面进行研究，发现高掺量 RAP 料的热拌沥青混合料具有可以接受的抗水损害和低温抗裂性能，并且证明了室内成型的试件可以用来很好地反映现场混合料的性能。Maupin 针对美国弗吉尼亚州的 10 个工程项目研究了 RAP 掺量高于 20% 的再生混合料的高温、低温和水损害性能，研究表明再生混合料各方面路用性能与普通的热拌沥青混合料没有显著区别。

Anderson 通过对 RAP 掺量为 0%、45% 的试验段进行 12 年长期跟踪观测，结果显示，RAP 掺量为 45% 的再生沥青混合料路面车辙和裂缝病害更多，但是这种区别不足以影响沥青路面的长期路用性能。

方杨等采用车辙试验动稳定度、GTM 试验 GS 和单轴贯入试验抗剪强度等指标评价了 RAP 掺量为 30% 和 45% 的 AC-20 厂拌热再生混合料高温性能。结果表明，再生混合料高温性能比普通混合料更优。耿九光采用低温弯曲试验应变能密度指标评价不同比例再生混合料低温抗裂性能，研究表明旧料掺量小于 40% 时，低温抗裂性能和普通沥青混合料相当，而随着 RAP 掺量的进一步提高，再生沥青混合料的低温性能变得较差。朱成等以广惠高速公路专项工程为依托，研究 RAP 掺量高达 45% 的再生混合料的路用性能，得出再生混合料高温性能比普通沥青混合料有所提高，而水稳定性能和低温性能变化不大，经济效益也比普通沥青路面造价节约 20%。

2.2　热再生过程中旧矿料的迁移行为

近年来，热再生沥青混合料新旧沥青之间的作用机理得到越来越多的关注，国内外开展了广泛的研究。但热再生沥青混合料新旧矿料之间的作用规律，目前研究还处于探索阶段。

Teh-chang LEE 对再生剂在新旧混合料中的分散情况进行了研究，采用 β-naphtol 作为示踪剂，跟踪再生剂的分布状态，研究结果表明再生剂的分布状态与拌和温度、拌和时间等工艺参数有关。Stephens 研究了 RAP 预热时间对再生沥青混合料路用性能的影响，认为提高 RAP 预热温度有助于促进新旧混合料之间的混合，并通过路用性能的提升来判断新旧沥青之间进行了融合。美国 NCHRP9-12 研究报告将新旧混合料之间的作用形式分三种情况进行研究，分别为不发生混合、部分混合、完全混合。对比研究了 10% RAP 掺量和 40% RAP 掺量下再生沥青混合料路用性能的差异，结果表明较低 RAP 掺量下性能相差较小，较高 RAP 掺量下性能差异明显。

目前国内对 RAP 中旧矿料颗粒运动变化规律尚未引起足够重视，相关研究开展较少。山东交通学院许萌基于厂拌热再生混合料配合比设计，对新旧沥青的融合行为及作用机理进行了详细研究，并开展了 RAP 中细颗粒矿料与新矿料拌和时运动规律的相关研究工作。东南大学马涛设计了一种室内拌和筛分试验，对就地热再生混合料分散性的影响因素进行了研究，研究不同加热温度、不同拌和时间、不同掺量的再生剂对再生混合料均匀性的影响，结果表明，提高旧料加热温度、延长旧料的拌和时间可使拌和分散性明显提高；同时再生剂能够起到软化旧料的作用，能够有效改善旧料的拌和分散性，提高就地热再生工艺质量。

在 RAP 与新矿料拌和过程中，短暂的搅拌作用无法完全使 RAP 中的细集料与粗集料脱离，更无法与新加入的矿料拌和均匀，最终造成热再生沥青混合料的均匀性较差，渗水系数偏大。在重载交通及环境因素的影响下，早期病害逐渐增多，严重影响热再生沥青路面的使用寿命，使全寿命周期的养护成本增加，但目前还缺乏有效的手段评价 RAP 中旧矿料颗粒的运动规律。

2.3　热再生过程中新旧沥青的融合程度

RAP 由老化沥青及其裹附的矿料组成，在热再生沥青混合料实际生产过程中 RAP 与新沥青、新矿料或再生剂在一定的高温条件下进行短暂的拌和，在此期间，老化沥青能否实现再生、矿料颗粒能否拌和均匀对再生沥青路面的性能和使用寿命起到至关重要的作用，因此，再生过程中新旧沥青的融合机理与融合状态等问题一直是国内外沥青路面再生技术在基础理论方面的研究重点。

NCHRP（美国公路合作研究组织）的研究报告指出，RAP 在再生过程中不只是起到"黑石头"的作用，表面裹附的老化沥青会和新添加的沥青、再生剂等发生混融作用，一起构成再生沥青混合料的胶结料。美国田纳西州大学的 Huang 研究表明，拌和后在旧集料表面胶结料薄膜内侧仍有 50% 左右的沥青性质接近旧沥青性质，认为 RAP 基本在起着"填充黑石"的作用。在沥青混合料再生过程中，只有一小部分（约 11%）旧沥青混合到新添加的沥青或再生剂中。Nguyen 的研究则指出，即使热再生过程中经过长时间拌和，RAP 中的旧沥青也完全没有与新沥青或再生剂融合。分析可知，热再生过程中新旧沥青或再生剂是否有效融合，国内外不同学者的研究结果大相径庭，大致有 3 种观点：①新旧沥青完全融合；②新旧沥青部分融合；③新旧沥青完全没有融合。研究结论之所以产生如此大的差异，根本原因在于缺乏简单有效的试验方法直接检测或评价热再生过程中新旧沥青的融合状态和融合程度。

Huang 等利用氯化溶剂浸渍抽提再生沥青混凝土，通过逐级收集得到的溶质来换算新料和旧料的质量分数，从微观的角度观察再生沥青混凝土各成分的融合状态。Nguyen 首先对已经预热的新集料和 RAP 拌和，然后加入添加红色氧化铁粒子的新沥青结合料再继续拌和得到再生沥青混合料，成型为圆柱体试件后，沿试件的压实轴垂直切片获得圆形切片试件，最后进行图像分析。Beze 则应用傅立叶变换红外光谱从微观层面进行研究，将人工老化的 RAP 混合料破碎后与新沥青结合料拌和，获得 RAP 结合料在新沥青结合料中分布的微观图像，观察 RAP 沥青结合料与新沥青结合料的融合程度并鉴别存在的 RAP 结合料胶团。2009 年 Druta 等尝试利用 X 射线断层技术进行试验，在 RAP 混合料中的集料上裹附含有 25%氧化铁的沥青结合料，人为老化后与新沥青在高温条件下拌和，再利用 X 射线断层技术扫描试样，采用灰度指标定性地评估新旧料的融合程度。国内吕伟民等根据 Stoke 定理提出采用"当量直径"指标来表征新、旧沥青及再生剂之间的相容性。上述的直接试验方法缺点在于：①无论从溶度参数角度、图像分析、傅立叶红外电镜、X 射线或者"当量直径"方法等，都需要特殊仪器才能进行，难以推广应用；②即使能够测定，其试验操作和分析过程也较为复杂，产生的误差也较大。

在新旧沥青或再生剂的融合机理方面，国内外学者分别在增溶分散机理、稀释调和机理等方面进行了分析，Karlsson 等采用傅立叶红外电镜方法研究了再生剂在不同品种沥青中的扩散情况，并得出了环境温度、沥青膜厚度和沥青组分构成等是影响扩散速率的因素，扩散过程可用 Fick 定律模型来表征的结论。Davidson 等在再生剂中掺加少量在紫外线中发荧光的粉剂，然后将适量再生剂浇洒到经过烘箱老化的马歇尔试件上，观测再生剂对沥青混合料的浸透、稀释情况。测试结果表明，整个试件浸透平衡的时间与再生剂用量成反比，整个浸润过程需要的时间为 48~144 h。Carpenter 研究表明，再生沥青混合料试件的回弹模量随放置时间不同有较大变化，证明再生剂对旧沥青的扩散作用随时间的延迟而发生变化。侯睿等进行了再生剂扩散的简单模拟实验，在老化沥青表面涂覆再生剂膜，通过测量沥青针入度的变化研究再生剂的扩散过程。

2.4　SBS 改性沥青的老化与再生

随着沥青路面再生利用技术应用的不断深入，不可避免地会遇到 SBS 改性沥青混合料的再生利用，主要涉及厂拌或就地热再生技术。在 SBS 改性沥青混合料的再生利用过程中，需要搞清楚两个问题：一是 SBS 改性沥青在老化过程中，SBS 本身有没有失效；二是 SBS 改性沥青老化后如何再生才能恢复至原有的性能水平。围绕以上两个问题，国内外道路工程工作者展开了相关研究。

SBS 改性沥青老化方面，国外 Negulesc、Dammga Codrin 等研究了改性沥青的再生技术，对室内老化沥青和回收沥青分别加入新沥青进行再生，性能测试结果显示，再生方法是可行的，计划通过对试验路的进一步观测提出合适的施工控制条件。Mohammad、Negulescu 等利用红外光谱和热分析技术研究了改性沥青老化后的变化，回收了旧路面的沥青，分析了其物理性能和化学成分，通过加入新的改性沥青进行再生，并测试了其性能。Shen Junan、Amirkhanian 等研究了橡胶改性沥青再生技术，认为 15% 的 RAP 掺量是可行的，再生混合料的路用性能与新拌混合料没有明显区别。

我国也逐步开始了此方面的探索。张道义等探讨了对再生沥青进行改性的可行性，在短期老化后的改性沥青中添加 TPS、路孚 8000 等改性剂，通过再生沥青基本性能试验比较了不同添加剂的作用。赵利明研究了老化改性沥青路面的现场热再生技术，进行了沥青混合料的室内试验，并给出了老化 SBS 改性沥青路面现场热再生的配合比设计；通过现场试验检验了室内试验成果并对老化改性沥青路面再生后的路用性能做了综合评定。王冲等主要研究再生 SBS 改性沥青混合料的抗老化性能，对再生沥青拌制的混合料及新沥青混合料进行室内短期与长期老化，并对老化后的沥青混合料进行性能试验与对比评价，分析了再生沥青混合料的抗老化性能及其老化规律。

陈华鑫、周燕（2009）通过 1 种基质沥青和 4 种 SBS 改性沥青的常规试验和动态剪切流变试验（DSR），分析比较了原样沥青、旋转薄膜烘箱（RTFO）老化沥青和压力老化（PAV）沥青的试验结果及对性能的影响。通过傅立叶变换红外线光谱（FTTR）试验和胶凝渗透色谱法（GPC）试验，分析了 SBS 改性沥青的老化机理，研究表明 SBS 改性沥青的老化是由基质沥青的氧化、硬化和 SBS 老化降解共同作用的结果。

范庆国、赵永利（2010）通过大量的室内老化模拟实验分析了 SBS 改性沥青的热、氧、光、水老化的规律，通过不同老化状态的 SBS 改性剂和基质沥青相互组合来分析 SBS 改性沥青老化过程中，SBS 与基质沥青的相互作用，从而为老化 SBS 改性沥青的再生及性能评价提供理论基础。

何兆益、冉龙飞（2016）依托国家自然科学基金项目《热、光、水耦合条件下 SBS 改性沥青老化机理研究及高性能再生剂研发》，对 SBS 改性沥青耦合老化规律及机理展开理论和试验研究，研究结果表明：沥青相和 SBS 改性剂在耦合老化条件下微观组分变质，最终导致宏观性能劣化，在经受自然界热、光、水等不利因素耦合作用下，太阳辐射是造成 SBS 改性沥青中沥青相轻质组分挥发及芳构化反应、SBS 聚合物氧化降解的主要因素，高温、潮湿环境则会加剧沥青耦合老化恶性循环。

SBS 改性沥青老化后的性能恢复方面，戴经梁、耿九光（2009）利用再生剂对老化后的改性沥青进行了性能恢复试验，试验结果表明，沥青性能指标都得到不同程度的恢复，再生改性沥青的软化点指标并没有恢复到原样改性沥青的程度，主要是因为改性沥青老化后交联结构被破坏，加入再生剂后软化点会进一步下降，而不是恢复到原来的较高的温度值。改性沥青再生过程中，黏度和延度指标的恢复是不同步的。倪富健、袁芮（2015）通过不同掺量再生剂和 SBR 胶乳对 SBS 老化沥青进行再生，对沥青常规性能指标检测发现，再生剂对 SBS 老化沥青针入度、软化点、黏度指标的恢复效果显著，而 SBR 胶乳对延度指标恢复作用更大，并使得软化点进一步增大。综合考虑两者对 SBS 老化沥青性能的恢复作用并结合沥青混合料施工和易性要求，确定再生剂的掺量为旧沥青质量的 2%，SBR 胶乳掺量为旧沥青质量的 4%。在添加再生剂和 SBR 胶乳的基础上，加入新 SBS 改性沥青可以进一步改善再生沥青的各项性能，同时调和后沥青的针入度、黏度、软化点基本符合调和沥青的理论公式，而延度指标对应关系不明显，表现为新沥青加入后调和沥青的延度有一定程度的增长。何兆益、冉龙飞（2016）研发了用于恢复改性沥青性能的再生剂，该再生剂原材料由基础油分、增塑剂、增黏树脂、SBS 改性剂及抗老化剂五大类组分组成，其中抗老化剂是由抗氧化剂、光稳定剂和抗剥落剂构成。将 4 种再生剂组分掺入老化 SBS 改性沥青中，对其常规物理性能、SHRP 性能、四组分、热稳定性及耐老化性能展开对比分析研究，发现 6% 左右的再生剂掺量可将各性能指标基本恢复至原样沥青水平。

2.5　热再生沥青路面的长期性能

沥青路面的再生利用尤其是厂拌热再生技术在我们国家尚未大规模地推广和应用，究其原因，主要是目前对沥青路面再生技术缺乏系统、有效的研究，包括对再生沥青混合料的长期路用性能问题研究几乎为空白，使得不少道路工程人员对沥青路面再生技术存有疑虑。因此，对热再生沥青路面长期性能的研究就显得尤为重要。

国内外在再生沥青混合料长期性能方面的研究还较为匮乏，是再生沥青路面未能在国内大规模推广的主要原因，而路面加速加载系统可以较为真实地模拟车辆荷载，加速路面的疲劳损坏，对路面长期使用性能指标及其影响因素进行快速检测分析，从而推断其演化规律，实践上被世界各国证明为研究路面疲劳损坏非常有效的途径。

第二部分　厂拌热再生关键技术与工程实践

■ 第 3 章 ■

回收沥青路面材料的检测

准确评价 RAP 中旧沥青的老化程度是热再生过程中一个极为重要的环节，也是混合料再生方法选择与再生配合比设计的基础。旋转蒸发器法是一种将 RAP 中沥青与矿料分离的常用方法，主要采用三氯乙烯作为抽提溶剂。与阿布森法相比，旋转蒸发器法回收沥青试验条件更容易控制，在沥青回收与评价及再生沥青混合料配合比设计过程中广泛采用。

3.1　国内外研究现状

沥青路面由于长时间的使用，矿料及沥青的性质均发生了较大的变化，不同层位、不同位置的 RAP 性质相差较大。将 RAP 中沥青与矿料分离、回收，并准确评价沥青的性能是 RAP 参与再生的基础，也是目前进行热再生沥青混合料配合比设计的第一步。

在美国试验规程（ASTM 2172）中抽提方法主要有离心抽提法、回流抽提法和真空抽提法，真空抽提法较前两种方法使用较少。从抽提液中回收沥青常采用两种方式：一种是阿布森法（ASTM D1856），另一种是旋转蒸发器法（ASTM D5404）。

阿布森法回收沥青试验会在沥青结合料中残留较多的三氯乙烯溶剂，会影响回收沥青的性质，造成沥青变软。旋转蒸发器法回收沥青试验，由于相对简单的操作过程，可以减少三氯乙烯的残留，因此得到越来越多的应用。

国内现行规范《公路工程沥青及沥青混合料试验规程》（JTG E20—2011）规定分离 RAP 中旧沥青与矿料采用离心抽提法，另需通过离心的方式将残留矿粉清除。从抽提液中回收沥青的方法有两种：阿布森法和旋转蒸发器法，其中，阿布森法是参照美国 ASTM D1856 试验方法制定的，日本道路协会也有类似的方法。

旋转蒸发器法近年来逐渐被各国所采用，我国已经开始引进并使用这种设备。旋转蒸发器法回收沥青的方法流程与阿布森法相似,均先按照规程采用抽提仪分离矿料与沥青结合料,接着用离心法清除抽提液中的矿粉,再按照旋转蒸发器法回收沥青,进行相关指标的检测。在试验过程中,保证真空度 97.4 kPa(719 mmHg),即绝对负压 6.67 kPa 以下,整个系统依靠负压降低三氯乙烯的沸点。

西安建筑科技大学耿九光利用非匀相体系沉降分离原理,对矿粉在抽提中的沉降规律进行了分析;计算了不同粒径矿粉所需的分离时间,提出离心加速度增至 7 000 g 可满足分离要求,认为此时离心分离 30 min 可完全清除矿粉。

山东交通科学研究院樊亮通过空白试验研究了旋转蒸发器回收沥青的试验,对旋转蒸发器的加热温度、真空度和水浴条件等参数进行了优化设置,采用 70# 道路石油沥青进行试验并得到了准确的结果;但同时认为 SBS 改性沥青的回收工作及评价没有意义。

西南科技大学唐颂认为三氯乙烯会破坏橡胶沥青的稳定体系,使胶粉从橡胶沥青中析出,影响回收后沥青性能的判断,故无法采用现行方法回收评价橡胶沥青。

RAP 中旧沥青的性能将决定回收路面材料的品质,更能影响再生方法的选择。由于现有回收沥青的方法过多地依赖于试验操作者的经验,目前国内试验室采用阿布森法或旋转蒸发器法从抽提液中回收沥青存在很大的误差,旧沥青性能变异系数大,准确性亟待提高。这对于沥青旧料性能的预测、RAP 的再生方式及再生技术的应用带来很大的障碍,因而改进现有规范方法是非常紧迫和必要的。

《公路工程沥青及沥青混合料试验规程》(JTG E20—2011)规定,在回收旧沥青之前,将大块 RAP 利用烘箱加热分散,采用离心法抽提 RAP 得到抽提液,并用高速离心机清除抽提液中的残留矿粉。采用规范《公路工程沥青及沥青混合料试验规程》(JTG E20—2011)中老式抽提仪抽提 3 kg 混合料得到约 4 500 mL 沥青溶液,可以回收约 130 g 沥青(旋转烧瓶中沥青总量为 130 g,但部分沥青会黏附于内壁上),进行一次沥青三大指标试验。由于旋转蒸发器法使用的旋转烧瓶容积为 1 L,每次回收的沥青溶液仅为 350~400 mL,因此该方法耗费时间过长。

现今大部分科研单位均采用沥青全自动抽提仪抽提 RAP,其具有回收溶剂的功能,抽提 3 kg 混合料得到抽提液约 600 g,进而利用旋转蒸发器回收大约 130 g 沥青。与老式抽提仪相比,不但提高了沥青抽提回收的效率,节省了大量时间,同时还减少了操作人员与三氯乙烯接触的机会,保证了试验的安全性。

但目前 RAP 中旧沥青的回收还存在许多问题,工程实践中回收沥青性能变异系数大,试验数据不可靠,无法真实地反映 RAP 的老化程度。

针对以上问题,主要通过分析回收沥青性能的影响因素,提出改进方法与优化措施,并对此进行验证。

3.2 回收沥青性能的影响因素

按照规范《公路工程沥青及沥青混合料试验规程》(JTG E20—2011)中的方法回收的旧沥青性能变化很大,究其原因可归结为以下几个因素。

1. 残留矿粉的影响

采用离心法抽提得到的沥青溶液中，通过规范规定的方法（施加相对离心力 770*g* 以上，离心时间不少于 30 min）离心后，抽提液中不可避免地混有少量矿粉颗粒。沥青中残留矿粉会使针入度减小，软化点升高，并对沥青延度造成较大影响。有研究表明，只有当矿粉含量少于 1% 时不会影响回收沥青性质。有研究提出采用静置方法去除沥青溶液中的矿粉，但粒径较小的矿粉颗粒不仅沉降速度慢，而且扩散现象严重，很难或根本无法靠重力沉降。

2. 残留三氯乙烯的影响

回收的旧沥青中往往混入三氯乙烯，导致沥青的黏度下降，并显著提高沥青的针入度及延度指标。NCHRP 研究表明，0.5% 的残留溶剂可能导致黏度下降 50%。

通过在 AH-70# 沥青中掺入不同比例三氯乙烯来研究残留三氯乙烯对沥青性质的影响。其中 AH-70# 沥青性质已知，检查常规性能指标，试验结果见表 3.1。

表 3.1　不同三氯乙烯残留量对沥青性能的影响

沥青种类	针入度/0.1 mm	软化点/℃	延度/cm
AH-70# 沥青	71	47.3	53
AH-70# 沥青+0.5% 三氯乙烯	80	47	58
AH-70# 沥青+1% 三氯乙烯	87	46.7	70
AH-70# 沥青+1.5% 三氯乙烯	95	45	97

由表 3.1 可知，即使少量的三氯乙烯残留也会对结果造成较大影响，显著地提高回收沥青的针入度和延度，并降低软化点，进而影响对回收沥青性能的判断，因此将三氯乙烯与沥青完全分离是保证沥青性能的重要因素。

3. 回收沥青老化

回收旧沥青的过程中，可能由于操作不当、高温蒸馏时间过长等因素导致沥青老化、硬化，无法反映真实指标。

其中，残留矿粉和残留三氯乙烯是影响回收沥青性质的主要因素，而控制好高温蒸馏温度与时间，可有效降低沥青的老化，因此应针对残留矿粉和残留三氯乙烯开展研究。

3.3　残留矿粉的解决方法研究

3.3.1　残留矿粉的去除

提高相对离心力并延长离心时间是解决沥青溶液中矿粉残留的一种有效方法。根据斯托克斯定律，矿粉颗粒的离心沉降速度、沉降时间及相对离心力之间的基本关系可由下式表示。

$$v = \frac{d_p^2(\rho_p - \rho)g}{18\mu} \cdot \text{RFC} \tag{3.1}$$

式中　v ——颗粒在溶液中沉降速度，m/s；

　　　d_p ——矿粉颗粒直径，m；

　　　ρ_p ——矿粉颗粒密度，kg/m³；

　　　ρ ——液体密度，kg/m³；

　　　μ ——液体黏度，Pa·s；

　　RFC——相对离心力。

常用石灰岩矿粉的密度约为 2 700 kg/m³，有关研究表明其粒径范围在 0.2 μm ~ 0.075 mm，沥青溶液的密度和黏度与沥青浓度有关，可以通过实测获得。不同浓度沥青溶液的黏度值与密度值可通过实测获得，结果见表 3.2。

表 3.2　不同浓度沥青溶液的黏度值与密度值

浓度/%	黏度/(Pa·s)	密度/(g·cm⁻³)
0	0.58×10^{-3}	1.46
10	1.22×10^{-3}	1.37
20	2.80×10^{-3}	1.32
30	6.92×10^{-3}	1.29

注：浓度为沥青质量占沥青和三氯乙烯总质量的比值。

为了提高计算结果的适用性，本书分别采用 20% 和 30% 沥青溶液的黏度值与密度值进行计算，离心杯的高度取 10 cm，计算得出不同相对离心力下矿粉的沉降速度与完成沉降所需的时间，结果见表 3.3。

表 3.3　不同浓度沥青溶液的黏度值与密度值

相对离心力	20%沥青溶液		30%沥青溶液	
	沉降速度/(m·s⁻¹)	沉降时间/min	沉降速度/(m·s⁻¹)	沉降时间/min
重力沉降	1.10×10^{-8}	152 174	4.53×10^{-9}	368 086
770g	8.43×10^{-6}	198	3.49×10^{-6}	479
1 500g	1.64×10^{-5}	102	6.79×10^{-6}	246
3 000g	3.29×10^{-5}	51	1.36×10^{-5}	123

由结果可知：回收液沥青浓度为 20% 时，残留矿粉通过重力沉降需要 152 174 min 才能清除，在施加相对离心力 770g 时需要离心 198 min 才可以将矿粉全部清除，而在施加相对离心力 3 000g 时仅需 51 min 便可以将矿粉全部清除，因此建议采用施加相对离心力 3 000g 离心 51 min 的方法清除沥青溶液中残留的矿粉；回收液沥青浓度为 30% 时，残留矿粉通过重力沉降需要 368 086 min 才能清除，在施加相对离心力 770g 时需要离心 479 min 才可以将矿粉全部清除，而在施加相对离心力 3 000g 时仅需 123 min 便可以将矿粉全部清除，因此建议采用施加相对离心力 3 000g 离心 123 min 的方法清除沥青溶液中残留的矿粉。

■ 3.3.2　残留矿粉标定的试验方法

为精确确定沥青用量，规范中规定了矿粉的标定方法：采用压力过滤器过滤回收沥青抽提液，并用三氯乙烯清洗滤纸，滤纸增加的质量即为泄漏入抽提液中的矿粉；当无压力过滤器时也可以用燃烧法测定，取 10 mL 抽提液置高温炉中烧成残渣，注入碳酸铵饱和溶液静置、干燥、称量，根据体积比计算抽提液中矿粉混入量。

实践中，采用压力过滤器过滤较为烦琐，滤纸上的沥青需要用三氯乙烯冲洗，在负压下仍会有矿粉脱离滤纸；燃烧法由于采用 10 mL 抽提液中矿粉的残留量去估算全部抽提液中矿粉的残留量，误差将会被放大几十倍，因此两种方法均存在不足，对确定 RAP 的沥青含量造成干扰。

笔者对此进行了详细研究，通过大量试验，同一台抽提仪进行试验时，矿粉的泄漏量变化不大，为矿粉总质量的 1%~2%，本书分别取 70 g、100 g 和 130 g 沥青，按照表 3.4 配制模拟抽提液，设定离心机相对离心力为 3 000g，离心 51 min 回收抽提液中的矿粉，离心后用少量三氯乙烯清洗离心杯得到回收矿粉（离心结束后，矿粉聚集在离心杯底部，如图 3.1 所示），置于高温炉中烧成残渣，注入碳酸铵饱和溶液静置、干燥、称量，即可得到全部的残留矿粉，结果见表 3.4。

图 3.1　离心回收矿粉聚集在离心杯底部

表 3.4　回收矿粉的标定

沥青质量/g	矿粉质量/g	三氯乙烯质量/g	溶液浓度/%	回收矿粉质量/g	残留矿粉质量/g	矿粉回收比例/%
70	1.403 4	280	20	1.394 2	0.009 2	99.34
100	2.021 6	400	20	2.001 3	0.020 3	99.00
130	2.601 5	520	20	2.593 6	0.007 9	99.70

由表 3.4 可知，对于抽提液中矿粉的标定，可以通过离心的方法得到全部矿粉，对三种抽提液中矿粉回收后称量，矿粉回收比例分别达到了 99.34%、99.00% 和 99.70%，可以准确地计算混合料中的沥青含量与矿粉比例。

3.4 残留三氯乙烯的解决方法研究

3.4.1 旋转蒸发器法回收沥青过程分析

规范《公路工程沥青及沥青混合料试验规程》(JTG E20—2011) 规定采用旋转蒸发器法回收沥青可分为两个阶段：低温蒸馏阶段和高温蒸馏阶段。

(1) 低温蒸馏阶段：控制蒸馏温度为 50 ℃±5 ℃，直至无溶剂气凝结回收为止。

通过大量试验发现，设定温度为 50 ℃条件下低温蒸馏阶段需要耗费大量时间，尤其对于黏度较大的老化沥青。低温蒸馏的目的在于回收沥青溶液中的大部分三氯乙烯，随着沥青浓度的增大，溶液的黏度增加，溶液中三氯乙烯的挥发会变得更加困难。而规范《公路工程沥青及沥青混合料试验规程》(JTG E20—2011) 对于回收沥青的量也未作要求，本研究认为单次沥青的回收量应能够完成三大指标试验需要，避免二次加热等因素造成沥青性能的改变。

(2) 高温蒸馏阶段：将油浴温度在 15 min 内升至 155 ℃±2 ℃，在此状态下保持 15 min，然后通 CO_2 气体 2 min，迅速倒出烧瓶内的沥青进行各项试验。

在高温蒸馏阶段，当温度升高至 155 ℃±2 ℃后，在此状态下保持 15 min 的规定并不准确。高温蒸馏的目的是清除沥青中残留的三氯乙烯，而残留三氯乙烯的质量随着回收沥青质量的增加而增加。当回收沥青质量较少时（少于 50 g），控制高温蒸馏时间为 15 min 可以清除残留的三氯乙烯，并能防止沥青老化。但沥青质量太少，需与其他回收沥青混合进行二次加热，仍会影响沥青性质。当回收沥青质量较多时（多于 100 g），控制高温蒸馏时间为 15 min 仍将会有三氯乙烯残留，进而影响回收沥青的性质。

也有研究指出，将高温蒸馏后的沥青在 130 ℃烘箱中放置 3 h 以达到彻底清除三氯乙烯的目的，但因为回收沥青多少的不同而无法彻底清除残留的三氯乙烯，同时又不造成回收沥青老化。因此，高温蒸馏时间的长短，应通过空白试验来确定。

3.4.2 旋转蒸发器法回收沥青改进

为了彻底地清除三氯乙烯，同时减少试验误差，对旋转蒸发器回收沥青的低温和高温阶段进行改进，将整个过程分为三阶段进行。

第一阶段（常温阶段）：首先根据抽提结果，计算沥青与三氯乙烯混合液中的沥青含量，预估回收 130 g±5 g 沥青需要的抽提液质量，往旋转烧瓶中加入 350~400 mL 抽提液，旋转烧瓶不浸入油浴中，在负压状态下进行蒸馏，转速逐渐加快至 50 r/min，当右侧三氯乙烯溶液变得较为黏稠时，取下旋转烧瓶，添加适量混合液，继续常温蒸馏，直至全部混合液加入到旋转烧瓶中。

第二阶段（低温阶段）：控制油浴温度 80 ℃±2 ℃，保持上述速度旋转的状态下，缓慢地将旋转烧瓶浸入油浴中进行低温蒸馏，直至左侧收集瓶中三氯乙烯凝结回收的速率很慢且稳定，此时充入 CO_2 气体，将收集瓶中三氯乙烯倒出，然后继续低温蒸馏至无溶剂气凝结回收为止。

第三阶段（高温阶段）：油浴温度升高至 155 ℃±2 ℃后开始计时，在此状态下保持 40 min，然后通 CO_2 气体 2 min，停止旋转烧瓶并迅速倒出烧瓶内的沥青进行各项试验。

回收过程中，保持回收装置真空度 94.7 kPa（710 mmHg），即绝对负压在 6.67 kPa（50 mmHg）以下。

针对改进试验方法的相关说明：

第一阶段考虑到旋转烧瓶内壁会黏附一部分沥青，因此回收沥青的量应为 130 g±5 g；旋转烧瓶不浸入油浴中是由于旋转烧瓶中三氯乙烯较多，避免因温度升高造成旋转烧瓶中三氯乙烯暴沸；沥青含量较低，混合溶液较多时宜分多次添加，避免旋转烧瓶中沥青与三氯乙烯的混合液超过旋转烧瓶容积的一半。

第二阶段控制油浴温度 80 ℃±2 ℃旨在提高低温蒸馏速率，促使三氯乙烯与沥青加快分离。

分析认为，随着抽提液中三氯乙烯的不断挥发，收集瓶中的三氯乙烯逐渐增多，但在负压环境下同样会挥发。在一定的真空度和温度下，整个回收系统中同一时间挥发进入气相的三氯乙烯与进入液相三氯乙烯的量相等，减压蒸馏逐渐达到动态平衡，因此会出现收集瓶中一直有三氯乙烯冷凝回收的现象。将收集瓶中的三氯乙烯清除，则会加快旋转烧瓶中三氯乙烯的挥发，借助于真空泵抽气减压，旋转烧瓶中挥发的三氯乙烯逐渐被抽走，才会出现无溶剂气凝结回收。

在第二阶段的基础上，通过提高加热温度可以加大三氯乙烯的挥发速度，伴随真空泵抽走回收系统中气体，使残留在回收沥青中的三氯乙烯完全去除，因此将第三阶段高温阶段温度定为 155 ℃±2 ℃。

对第三阶段高温蒸馏时间进行了详细研究，试验沥青采用齐鲁 70#A 级道路石油沥青和 SBS 改性沥青，其性能指标见表 3.5。

表 3.5　沥青性能指标

沥青种类	针入度/0.1 mm	软化点/℃	延度/cm
70#A 级道路石油沥青	71	47.3	53
SBS 改性沥青	56	74.8	44

注：道路石油沥青延度指标试验温度为 10 ℃，SBS 改性沥青延度指标试验温度为 5 ℃。

旋转烧瓶中加入 130 g 沥青，并加入足量的三氯乙烯模拟抽提液，第一阶段和第二阶段按照以上步骤进行，升温至 155 ℃±2 ℃开始计时，控制第三阶段高温蒸馏时间分别为 20 min、30 min、40 min、50 min 和 60 min，然后通 CO_2 气体 2 min，停止旋转烧瓶旋转并迅速倒出烧瓶内的沥青进行各项试验，结果见表 3.6。

由表 3.6 可知：回收 70#A 级道路石油沥青随着高温蒸馏时间的增长，表现为针入度和延度逐渐降低，软化点逐渐变大，高温蒸馏 40 min 时，与原样沥青指标最为接近；SBS 改性沥青随着高温蒸馏时间的增长，表现为针入度和延度逐渐降低，软化点先增大后减小，高温蒸馏 40 min 时，与原样沥青指标最为接近；而过多地延长高温蒸馏时间会造成 70#A 级道路石油沥青的老化。分析 SBS 改性沥青软化点先增大后减小的原因：高温蒸馏 20 min，沥青中残留三氯乙烯，使沥青针入度与延度较大，软化点较小，随着蒸馏时间的延长，针入度与延度逐渐减小，软化点逐渐增大，蒸馏 40 min 时与原样沥青最为接近，而后随着蒸馏时间的延长，SBS 改性沥青发生轻微老化，部分 SBS 改性剂失效，造成软化点减小，延度减小。

表 3.6　回收沥青技术指标

沥青种类	高温蒸馏时间/min	针入度/0.1 mm	软化点/℃	延度/cm
70#A 级道路 石油沥青	20	83.5	45.3	97
	30	76.6	46.1	64
	40	70.5	47	50
	50	66.9	48.2	45
	60	62.7	50.4	40
SBS 改性沥青	20	67	65	60
	30	62	69	53
	40	56	73.5	44
	50	58	71	35
	60	62	68	28

　　注：道路石油沥青延度指标试验温度为 10 ℃，SBS 改性沥青延度指标试验温度为 5 ℃。

　　因此，确定高温蒸馏时间为 40 min，能够将沥青中残留的三氯乙烯清除并避免引起沥青老化，得到较为准确的性能指标。

3.5　RAP 中旧沥青回收方法的优化试验验证

　　为了验证改正方法的抽提与回收效果，分别采用齐鲁 70#A 级道路石油沥青和 SBS 改性沥青以及以上两种沥青老化（RTFOT）后的共计四种沥青进行空白试验。在 130 g 沥青中加入 520 g 三氯乙烯得到沥青溶液，加入 2.6 g 矿粉作为沥青抽提过程中的残留矿粉，充分搅拌来模拟实际的抽提液。采用离心机按照 3.3.1 中所述方法去除沥青溶液中的矿粉，回收离心瓶中的矿粉按照 3.3.2 中所述方法标定，然后按照 3.4.2 中所述方法回收得到沥青，进行沥青三大指标试验，试验结果见表 3.7。

表 3.7　回收沥青技术指标

项　　目		针入度/0.1 mm	软化点/℃	延度/cm
70#道路石油沥青	原样沥青	71	47.3	53
	回收沥青	70	46.8	55
SBS 改性沥青	原样沥青	56	74.8	44
	回收沥青	55	72	45
RTFOT 后 70#道路石油沥青	原样沥青	52	51	11
	回收沥青	53	50	12

续表

项　　目		针入度/0.1 mm	软化点/℃	延度/cm
RTFOT 后 SBS 改性沥青	原样沥青	42	75	17
	回收沥青	41	73	18

　　试验结果表明，对通过此方法获得的四种回收沥青与原样沥青对比，针入度、延度和软化的指标更接近，满足规范中再现性误差的要求。

第4章

旧沥青路面材料的热再生过程

沥青路面长期经受到行车荷载和自然因素（如雨雪、光照、温度、氧气等）的综合作用，沥青混合料会逐渐老化，其路用性能也逐渐衰减。旧路面中的沥青老化后硬化变脆，丧失原有的变形能力，不能继续发挥黏结石料的作用。而旧路面中的粗集料经过行车荷载的长期作用会逐渐被压碎，导致旧集料的细化。厂拌热再生沥青路面技术是将一定比例的旧沥青路面材料与新矿料、新沥青及再生剂等材料经充分拌和后，铺筑成为一种新型的沥青路面结构层，即再生沥青路面结构层，该结构层可以用于新建路面，也可以用于改建路面。

4.1 旧沥青路面材料的老化

4.1.1 沥青的老化

旧路面材料中的沥青由于长期经受车辆荷载和周围环境因素的综合作用，其物理化学性能会发生变化，沥青逐渐老化，在性能方面会发生变化，通常表现为针入度、延度降低，软化点升高，黏度增大，沥青硬化变脆，丧失原有的变形能力和黏附性，无法继续发挥黏结石料的作用，沥青路面使用过程中出现的很多病害都是由这一原因引起的。

沥青作为石油的衍生物，一定程度上属于高分子化合物且具有极其复杂的化学结构，符合热力学中的溶解和沉淀平衡规律。这一性质也决定了老化沥青是可以进行持续再生利用的有机材料，且其老化和再生行为是极其复杂的。我国习惯性认为道路沥青由四种成分组成，分别为饱和分（S）、芳香分（Ar）、胶质（R）和沥青质（AS），各组分的含量可按图4.1的方法进行测定，沥青老化主要表现为沥青内轻质组分（S、Ar）的含量发生变化。自然环境中的高温、氧气和光照等条件会对沥青产生氧化缩合作用。氧化缩合会对沥青的四种组分的含量构成造成很大影响，会导致轻质组分中的芳香分（Ar）分子量逐渐增大，进而转化为分子量大的胶质；而饱和分（S）具有较稳定的分子结构，其化学性质基本不变；随着这一过程的加剧，还会出现胶质向沥青质的转化。

总之，沥青的老化就是道路沥青中的低分子量组分向高分子量组分的转化。轻质组分转移程度越高，沥青的老化程度越深，最终导致沥青路面性能的明显降低，进而引发一系列路面病害。

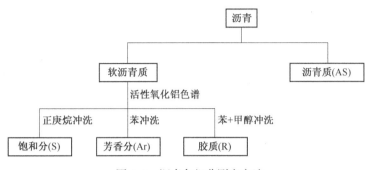

图 4.1　沥青各组分测定方法

4.1.2　矿料的细化

沥青路面经过长期使用，其内部矿料的变化主要体现在以下三个方面：一是沥青路面经过交通荷载的长期反复作用，对矿料颗粒产生挤压和剪切应力，当应力超过材料的极限强度时，矿料颗粒会被压碎，最终将导致集料细化，粗骨料逐渐丧失支撑作用；二是矿料颗粒之间的长期挤压摩擦作用会导致粒料表面的磨耗，降低了集料间的摩阻力和嵌挤力，严重影响了路面的承荷能力；三是在 RAP 的回收铣刨过程中，作为骨料的粗集料被铣刨刀具破碎细化，矿料中粉料增多、压碎。

集料是沥青混合料的重要组成部分，沥青路面在使用过程中，沥青混合料中集料的物理力学性能变化会直接影响其路用性能，具体体现在以下三方面。

（1）路面结构强度降低。沥青混合料结构按其强度的形成原理，可分为密实型和嵌挤型两大类。密实型沥青混合料的强度形成，主要是靠沥青与集料间的黏结作用，沥青路面在长期交通荷载的反复作用下，粗集料被压碎细化，增加了集料的比表面积，使原有沥青膜不能完全裹附在集料表面，黏结作用必然下降，沥青混合料的结构强度显然降低。而嵌挤型沥青混合料的强度主要是由相邻粗集料间骨架作用形成的，若粗集料被压碎细化，骨架结构被破坏，结构强度必然也会受到影响。

（2）路面抗剪性能降低。沥青与集料间的黏结作用和相邻粗集料间骨架的支撑作用，使得沥青混合料具有良好的抗变形能力。沥青路面经过长期使用后，粗集料会发生细化而影响集料与沥青的黏结作用，同时还会破坏粗集料间骨架的支撑作用，其结果必然导致对混合料的抗变形能力产生破坏性的影响。

（3）路面抗裂性能降低。沥青面层裂缝类病害一直是目前公路界所面临的一项技术性难题，沥青混凝土面层的整体结构强度绝对是造成路面裂缝类病害的一个主要因素，尤其是集料细化会严重降低沥青与集料间黏结作用，加之沥青老化的影响，导致沥青路面的整体抗拉强度被严重破坏，在气温骤降时，会因极限抗拉强度不足而进一步造成路面开裂。若不及时处理，在温度和车辆荷载的综合作用下该裂缝还会进一步向上发展，形成反射裂缝，最终导致沥青路面破坏。

总之，旧沥青路面老化后，其中集料的细化会严重影响沥青路面的使用性能，对旧路材料进行再生利用时，应充分考虑这一点，然后通过添加级配良好的新矿料对细化严重的旧矿料进行级配调整，直到调整至合理的级配范围。

4.2 旧沥青路面材料的再生

旧沥青路面材料的再生主要包括两方面内容：一种是旧沥青的再生，另一种是旧矿料的再生。旧沥青路面材料的再生可以看作是其老化的逆过程。

4.2.1 沥青的再生

沥青再生是通过加入轻质组分，使沥青中各组分之间发生化学反应相互调整，使沥青的各组分构成符合一定关系，以恢复其性能的过程。相关研究表明，使道路沥青具有优良性能的四种组分构成比例及其对沥青性能的影响见表 4.1。

表 4.1　各组分含量对沥青性能的影响

组分	饱和分（S）	芳香分（Ar）	胶质（R）	沥青质（AS）
比例范围/%	3~13	32~60	19~32	6~15
感温性	高	高	低	高
塑性	差	—	好	较差
黏滞性	差	好	差	好

沥青老化过程中由于其组分发生转化，导致各组分的构成不再合理，严重影响了沥青各项性能指标，若想改善其性能，需加入新沥青或再生剂，对其组分进行重新调整。因此，沥青再生一定程度上可以看作是沥青老化的逆过程。

4.2.2 矿料的再生

RAP 中的旧矿料会影响再生沥青混合料中的强度和级配。据相关研究经验，RAP 中旧矿料的强度等物理力学性状仍较良好。因此，本书重点分析再生过程中，旧矿料的在级配方面对再生沥青混合料性能的影响。

RAP 材料由旧矿料和旧沥青构成，旧矿料会影响再生沥青混合料的强度和级配，所以矿料的再生也是 RAP 再生的重要组成部分。矿料的再生就是通过添加级配良好的新矿料，实现对细化严重的旧矿料的级配调整，直到调整至合理的级配范围。

由于沥青路面在长期使用过程中粗集料被压碎细化，且矿料颗粒之间的长期挤压摩擦作用会导致粒料表面的磨耗，降低了集料间的摩阻力和嵌挤力。因此，在选择新集料进行级配调整时，要选择级配良好、质地坚硬且棱角性好的集料。

用于再生的新集料除了需在级配上能补充旧矿料所缺失的级配外，还必须满足强度设计要求，新集料颗粒应具有良好的棱角性，最好接近立方体，以便提高集料间的嵌挤力，另外还应严格限制针片状颗粒含量（≯15%）。

新集料应选择与沥青结合料黏结良好的碱性石料，同时为提高沥青路面的耐磨性，要尽量选用质地坚硬的石料。当所选碱性石料硬度不高时，也可以掺入部分硬度较高的酸性石料，用来保证沥青路面的耐磨性。

用于再生的新集料技术指标均应满足《公路沥青路面施工技术规范》（JTG F40）中关于集料性能要求的相关规定，具体见表 4.2。填料可采用普通石灰岩矿粉，其各项技术指标也应满足《公路沥青路面施工技术规范》（JTG F40）中关于填料的相关技术要求。

表 4.2　粗集料技术要求

试验项目	技 术 要 求		试验方法
压碎值	≥（%）	28	T 0316
洛杉矶磨耗值	≥（%）	30	T 0317
视密度	≤	2.50	T 0304
吸水率	≥（%）	3.0	T 0304
坚固性	≥（%）	12	T 0314
针片状含量	≥（%）	18	T 0312
<0.075 颗粒含量	≥（%）	1	T 0310
软石含量	≥（%）	5	T 0320

第 5 章

热再生沥青混合料相关指标的测定

目前国内外在热再生沥青混合料的配合比设计中，采用的设计方法与普通沥青混合料配合比设计方法基本相同，一般采用马歇尔设计方法，以空隙率、矿料间隙率、沥青饱和度等体积指标为主要控制指标，并以相关体积参数控制成型质量，也直接影响热再生沥青路面的使用性能和使用寿命。而热再生沥青混合料的相关体积参数在实际操作中很难测定，已经成为影响配合比设计和施工质量控制的一大难题。

5.1　矿料间隙率指标的测定方法

普通沥青混合料设计过程中控制参数包括空隙率（VV）、矿料间隙率（VMA）、沥青饱和度（VFA）等。目前已经可以较好地实现 VV 值的测定，当 VV 值已定时，如果知道 VMA 值，就可以计算得到 VFA 值，所以如何确定 VMA 值是配合比设计的关键。众所周知，VMA 值与集料级配、集料颗粒的表面特性以及沥青用量等都有关系。而在厂拌热再生混合料中，由于掺加了 RAP 材料，对 VMA 指标的计算会产生较大影响。根据《公路沥青路面施工技术规范》（JTG F40—2004）可知，VMA 指标与集料的毛体积密度密切相关。对于新集料而言，由于其表面空隙的客观存在，采用集料试验规程的方法可以较为准确地测定其毛体积密度，而 RAP 材料由于老化沥青的存在，经工业三氯乙烯溶剂溶解后，老化沥青虽然被基本去除，但集料表面仍然会有部分残留的三氯乙烯等，同时被三氯乙烯浸泡过的集料特性也有所改变，集料吸水性大幅度降低，因此，准确确定抽提后各集料的毛体积密度几乎是不可能的。

针对此，有部分学者研究采用集料的有效相对密度比来替代毛体积相对密度，而集料有效相对密度则可通过 RAP 料的最大理论密度反算得到，RAP 料的最大理论密度通过《公路工程沥青及沥青混合料试验规程》（JTG E20—2011）试验方法测得，计算公式如下：

$$\gamma_{se} = \frac{100 - P_b}{\dfrac{100}{\gamma_t} - \dfrac{P_b}{\gamma_b}} \tag{5.1}$$

式中　γ_{se}——RAP 料的有效相对密度，无量纲；

γ_t——RAP 料的最大理论相对密度，无量纲；

P_b——RAP 料的沥青含量，%；

γ_b——沥青的相对密度，无量纲。

但是有效相对密度考虑了集料部分开口空隙吸入沥青的情况，其计算体积比毛体积偏小，使得有效相对密度比毛体积相对密度偏大，因此采用有效相对密度替代毛体积相对密度会造成 VMA 值的计算偏大。

针对上述问题，考虑 RAP 集料空隙对沥青的吸收情况，引入沥青的吸收系数 C，SHRP（美国公路战略研究计划）最先提出该经验系数一般取值为 0.8，吸水性集料取 0.6 或 0.5。而参考东南大学黄晓明、胡林（2013）的研究结果，通过沥青浸渍法实测 RAP 料的最大理论密度反算沥青吸收系数 C 的试验表明，RAP 的沥青吸收系数主要在 $Y=0.4$ 的上方，从而确定 RAP 的沥青吸收系数取为 0.4，RAP 料中沥青的吸收量计算公式如下：

$$P_{ba} = 100 \times \left(\frac{1}{\gamma_{sb}} - \frac{1}{\gamma_{se}} \right) \times \gamma_b \qquad (5.2)$$

可以反算得出，RAP 料中合成毛体积相对密度计算公式如下：

$$\gamma_{sb} = \frac{\gamma_{se}}{\dfrac{P_{ba}\, \gamma_{se}}{100 \times \gamma_b} + 1} \qquad (5.3)$$

式中　γ_{sb}——RAP 料的合成毛体积相对密度；

$\quad P_{ba}$——RAP 料的沥青吸收量，取值为 0.4；

$\quad \gamma_{se}$——RAP 料的有效相对密度，由式（5.1）计算所得；

$\quad \gamma_b$——沥青的相对密度。

根据再生沥青混合料的组成成分，提出再生混合料合成毛体积相对密度计算公式如下：

$$G_{sb} = \frac{100}{\dfrac{P_1}{\gamma_1} + \dfrac{P_2}{\gamma_2} + \cdots + \dfrac{P_N}{\gamma_{sb}}} \qquad (5.4)$$

式中　　　G_{sb}——再生沥青混合料的合成毛体积相对密度；

P_1，P_2，$\cdots$，P_N——各档新集料以及 RAP 料的比例，%；

$\quad \gamma_1$，γ_2，$\cdots$——各档新集料的毛体积相对密度，实测法；

$\quad\quad\quad \gamma_{sb}$——RAP 料的合成毛体积相对密度。

由此，可计算再生沥青混合料的 VMA 如下：

$$VMA = \left(1 - \frac{G_f}{G_{sb}} \times P_s \right) \times 100 \qquad (5.5)$$

式中　VMA——再生沥青混合料试件的矿料间隙率，%；

$\quad G_f$——再生沥青混合料试件的毛体积相对密度；

$\quad G_{sb}$——再生沥青混合料的合成毛体积相对密度；

$\quad P_s$——新旧集料总质量占沥青混合料总质量的百分比，%。

5.2 沥青浸渍法

■ 5.2.1 热再生混合料最大理论相对密度测定存在的问题

最大理论相对密度是计算空隙率等体积指标的基础，也是路面压实度计算的重要参数，其偏差会造成路面实际空隙率与设计空隙率不一致，影响配合比设计的准确度，因此现已成为配合比设计、施工和质量评价中的一个极为关键的技术指标。普通沥青混合料最大理论相对密度测定时，对使用道路石油沥青的混合料，根据工程经验判断最佳油石比，并以此油石比拌和混合料分散到 6 mm 以下，采用真空法实测最大理论相对密度，然后根据公式反算合成矿料的有效相对密度，并计算不同油石比下的再生沥青混合料的最大理论相对密度；对使用改性沥青的 AC 型及 SMA 等沥青混合料，由于所用沥青掺加有高分子聚合物，黏度较大，造成沥青混合料拌和后不易分散，内部难免会有小气泡存在，无法达到空隙为零的状态，因此采用计算法计算不同沥青用量下的最大理论相对密度。

而热再生沥青混合料与普通沥青混合料在测定最大理论相对密度时有所不同，大量室内试验和工程实践表明，由于 RAP 的掺配，热再生沥青混合料无法完全采用真空法或计算法准确测定最大理论相对密度，需要对此进行详细的研究。

目前采用真空实测法和理论计算法测定热再生沥青混合料的最大理论相对密度还存在许多问题。

1. 真空实测法

（1）RAP 的来源非常复杂，有时因缺乏相关原始资料，其沥青性质未知，如果 RAP 是利用 SMA、SBS 等改性沥青路面材料回收制成的、拌制的热再生沥青混合料即使分散到 6 mm 以下，内部仍难免有小的气泡颗粒，因此真空实测法不适用于测定此类再生沥青混合料。

（2）如果 RAP 中沥青为普通道路石油沥青，当采用改性沥青作为新沥青添加时，也无法通过真空实测法得出其结果。

（3）针对以上情况，需要将 RAP 料抽提筛分后，再分别测定其中各规格集料、填料、沥青的各项指标，合成矿料混合料的有效相对密度，计算热再生沥青混合料的最大理论相对密度，其过程非常复杂。同时经过大量实践发现，抽提后的矿粉很难溶于水中（图 5.1），需要采用其他方法或估算得到矿粉的有效相对密度。

图 5.1 回收矿粉在水中状态

（4）此外，如果 RAP 为 SMA 类型的混合料，抽提后矿粉中含有大量纤维，目前还没有有效回收纤维等添加剂的方法。

2. 理论计算法

沥青路面在经过长时间的使用后，其沥青与矿料性质均已发生了很大变化，无法根据原始资料计算相关指标，如矿料的有效相对密度等，因此只能通过实测得到最大理论相对密度。

采用理论计算法时，对于再生混合料关键的问题就在于对于 RAP 料的认识处理：若将 RAP 视为"黑色集料"，其特性即与新集料相同，需要实测得到 RAP 料的毛体积相对密度和表观相对密度；如将 RAP 视为沥青混合料，由集料和旧沥青组成，则需要得到其有效相对密度。

再生沥青混合料根据材料组成的不同采用不同的计算方法，长安大学任栓哲将 RAP 料看成"黑色集料"，采用与新集料同样的处理方式将 RAP 料分为三种规格计算密度，则再生混合料由旧集料、新集料和新旧沥青组成，最大理论相对密度计算公式如下：

$$\gamma_t = \frac{100 + P_a}{\dfrac{P_1'}{\gamma_1'} + \dfrac{P_2'}{\gamma_2'} + \dfrac{P_3'}{\gamma_3'} + \dfrac{P_1}{\gamma_1} + \dfrac{P_2}{\gamma_2} + \cdots + \dfrac{P_n}{\gamma_n} + \dfrac{P_a}{\gamma_a}} \qquad (5.6)$$

式中　　γ_t ——最大理论相对密度；

　　　　P_a ——油石比，%；

P_1'，P_2'，P_3' ——RAP 料中大于 4.75 mm、0.075～4.75 mm、小于 0.075 mm 筛孔的集料分别占集料总质量的百分比，%；

　　γ_1'，γ_2'，γ_3' ——RAP 料中各档集料对于水的相对密度；

P_1，P_2，$\cdots$，P_n ——各档新集料占集料总质量的百分比，%；

γ_1，γ_2，$\cdots$，γ_n ——各档新集料对水的相对密度。

另一种方法是将 RAP 料视为沥青混合料，RAP 中的沥青与新沥青能够融合，则再生混合料由组成上来讲分为 RAP 料、新集料和新沥青三部分，最大理论密度计算公式如下：

$$\gamma_t = \frac{100 + P_a'}{\dfrac{P_{RAP}}{\gamma_{RAP}} + \dfrac{P_1}{\gamma_1} + \dfrac{P_2}{\gamma_2} + \cdots + \dfrac{P_n}{\gamma_n} + \dfrac{P_a'}{\gamma_a}} \qquad (5.7)$$

式中　　γ_t ——最大理论相对密度；

　　　　P_a' ——再生沥青混合料的新沥青含量，%；

　　P_{RAP} ——RAP 料的比例，%；

　　γ_{RAP} ——RAP 料对水的相对密度。

这两种计算方法，公式中各集料相对密度均采用合成毛体积相对密度或者合成表观相对密度。而事实上，考虑会有一部分沥青进入集料的开口孔隙，沥青混合料的体积实际上由沥青体积、集料实体体积、闭口孔隙体积以及一部分未被沥青填充的开口孔隙组成，定义为有效体积，因此考虑"有效相对密度"的概念。美国 NCHRP 9-12 报告通过模拟试验研究表明，在较高的 RAP 掺配率下，RAP 料在再生混合料中并不是"黑色集料"，而是在相当程度上新旧沥青能够完全融合。

由以上分析可知，急需找到一种可行的方法，准确测定热再生沥青混合料的最大理论相对密度，为配合比设计提供依据。

本书采用沥青浸没再生沥青混合料，填充矿料的开口空隙，测定其结果。浸渍法是用沥青填充矿料的开口空隙以达到空隙为零的目的，然后进行相关参数的计算。该方法参考日本集料沥青浸渍密度试验方法（KONDAN 212—1985）。

5.2.2 沥青浸渍法的试验原理与方法

所谓集料的有效密度，是用集料的干质量除以集料的有效体积，其中，将集料的毛体积减去被沥青填充的体积作为集料的有效体积。与计算法相比，比采用集料吸水率回归集料吸油率的计算方法更符合实际状况，因此采用集料沥青浸渍相对密度作为集料的有效相对密度才是正确的。只是当集料吸水率小时（小于1.5%），用合成的结果与真实值误差不大而已，对吸水率大的集料（大于1.5%），则应采用集料的有效相对密度。对于RAP等有沥青裹附的混合料，亦应采用沥青直接浸渍矿料混合料，从而准确得到有效相对密度。

沥青浸渍法试验方法如下。

试验用具：不锈钢碗、搅拌棒、水中重法全套仪器、烘箱。

试验步骤：

（1）称量不锈钢碗+搅拌棒的质量 M_1 及二者水中质量 M_2。

（2）将500~1 000 g沥青混合料（或集料）装入不锈钢碗中，准确称量不锈钢碗+搅拌棒+集料的质量 M_3。

（3）将装有沥青混合料（或集料）的不锈钢碗及搅拌棒放入2#烘箱中养生1 h（集料、道路石油沥青混合料养生温度为140 ℃，改性沥青混合料、SMA混合料为165 ℃），提前将相同的沥青放入1#烘箱中（至少2 kg），控制温度道路石油沥青为130 ℃，改性沥青为140~145 ℃。

（4）将大量沥青倒入不锈钢碗中，搅拌3 min，将装有沥青混合料的不锈钢碗及搅拌棒放入1#烘箱中，控制温度道路石油沥青为130 ℃，改性沥青为140~145 ℃，每隔20 min搅拌一次，共搅拌两次，每次搅拌3 min，在烘箱中放置60 min后观察，如表面无气泡，取出静放置12 h。

（5）将不锈钢碗+沥青混合料+搅拌棒置于25 ℃水槽中4 h。

（6）将不锈钢碗+沥青混合料+搅拌棒从水槽中取出擦拭干净，称量不锈钢碗+沥青混合料+搅拌棒的质量 M_4 及水中质量 M_5。

（7）计算合成矿料有效相对密度或沥青混合料最大理论相对密度。

$$\gamma_{se} \ \text{或} \ \gamma_t = \frac{M_3 - M_1}{(M_4 - M_5) - (M_1 - M_2) - \dfrac{M_4 - M_3}{\gamma_a}} \tag{5.8}$$

可采用沥青浸渍RAP料和热再生沥青混合料的两种方法，分别确定热再生沥青混合料的最大理论相对密度。

1. 浸渍RAP料

对于RAP掺配比例较低的热再生沥青混合料，可采用沥青浸渍RAP料的最大理论相对密度，通过抽提法确定RAP的沥青含量或油石比，采用式（5.9）和式（5.10）反算RAP中矿料的有效相对密度和毛体积相对密度。

$$G_{se}(RAP) = \frac{100 - P_{b(RAP)}}{\dfrac{100 - P_{b(RAP)}}{G_{mm(RAP)} \times G_b}} \tag{5.9}$$

$$G_{sb}(RAP) = \frac{G_{se(RAP)}}{\dfrac{P_{ba} \times G_{se(RAP)}}{100 \times G_b} + 1} \tag{5.10}$$

式中　$G_{se}(RAP)$——RAP 中集料有效相对密度；

　　　　G_b——估计的沥青相对密度；

　　$G_{mm(RAP)}$——RAP 的最大理论密度；

　　$P_{b(RAP)}$——RAP 的沥青含量；

　　$G_{sb}(RAP)$——RAP 的矿料毛体积相对密度；

　　　　P_{ba}——吸收沥青含量，根据相同原材料的沥青混合料历史记录估计。

进而合成矿料混合料的有效相对密度，并测定新沥青的相对密度，最终计算某一沥青用量时再生沥青混合料的最大理论相对密度。

2. 浸渍热再生沥青混合料

对于各掺配比例的再生沥青混合料，均可以采用沥青浸渍再生混合料确定最大理论相对密度，进而计算相关指标。

用沥青浸渍 RAP 料和热再生沥青混合料的两种方法可以相互验证，保证实验结果可靠，提高配合比设计的准确性。

5.3　浸渍法在热再生中的应用

采用真空法、计算法和沥青浸渍法分别测定 RAP 的最大理论相对密度，对沥青浸渍法的适用性进行验证，其中 RAP 采用普通沥青混合料模拟老化的方式获得。

■ 5.3.1　原材料性质

试验沥青采用齐鲁 70#A 级道路石油沥青，其性能指标见表 5.1。

表 5.1　沥青性能指标

针入度/0.1 mm	软化点/℃	延度（10 ℃）/cm	相对密度
71	47.3	43	1.023

集料选用坚硬、洁净、无风化、无杂质的石灰岩集料；填料选用石灰岩磨细矿粉。按照《公路工程集料试验规程》（JTG E42—2005）：采用网篮法（T 0304—2005）测定 4.75 mm 以上集料的表观相对密度、毛体积相对密度和吸水率，用容量瓶法（T 0308—2005）测定 2.36~4.75 mm 集料的表观相对密度、毛体积相对密度和吸水率，采用塌落筒法（T 0330—2005）测定 2.36 mm 以下集料的表观相对密度、毛体积相对密度和吸水率，采用李氏比重瓶法测定矿粉的相对密度，结果见表 5.2。

表 5.2 不同规格矿料的技术指标

规　　格	表观相对密度	毛体积相对密度	吸水率/%	有效相对密度
10～20	2.727	2.689	0.515	2.719
5～10	2.747	2.683	0.869	2.728
3～5	2.735	2.683	0.717	2.722
0～3	2.735	2.571	2.344	2.641
矿粉	2.692	—	—	—

5.3.2　沥青浸渍法浸渍 RAP

1. 真空法实测 RAP 的最大理论相对密度

根据各筛孔通过率确定不同规格集料和矿粉的用料比例分别为 37%、26%、13.8%、22.2%、1%，根据工程经验拟定油石比 4.4%，拌制沥青混合料，用真空法测定沥青混合料理论最大相对密度，结果见表 5.3。

考虑工程实际，RAP 中沥青老化严重，黏度变大，采用模拟 RAP 的方式进行对比试验。将上述配合比拌制的混合料置于烘箱中模拟短期老化，短期老化结束后进行长期老化（短期老化是指对沥青混合料以 135 ℃烘箱烘 4 h，而长期老化是将短期老化后的试件压实成型，然后将压实样品放入 85 ℃±1 ℃的烘箱中烘 120 h±0.5 h），相当于路面使用 5~7 年的状态，模拟老化结束后分散至 6 mm 以下，用真空法测定沥青混合料理论最大相对密度，结果见表 5.3。

表 5.3　最大理论相对密度（真空法）

混合料类型	M_a/g	M_b/g	M_c/g	最大理论相对密度	最大理论相对密度平均值
沥青混合料	1 749.5	6 845	7 902	2.526	2.529
	1 824.5	6 845	7 949	2.532	
模拟老化沥青混合料	1 513.9	6 845	7 765	2.549	2.548
	1 501.5	6 845	7 757	2.547	

注：M_a 为混合料在空气中的质量，g；M_b 为装满 25 ℃水的负压容器质量，g；M_c 为 25 ℃时混合料、试验容器以及水的总质量，g。

2. 计算法计算最大理论相对密度

按照以上配比，计算得到沥青混合料的有效相对密度为 2.710，按照下式计算最大理论相对密度见表 5.4。并对部分老化后的混合料按照第 2 章的改进方法抽提回收沥青，测定相对密度，见表 5.4。

$$\gamma_{ti} = \frac{100 + P_{ai}}{\dfrac{100}{\gamma_{se}} + \dfrac{P_{ai}}{\gamma_b}} \tag{5.11}$$

式中　　γ_{ti}——沥青混合料的最大理论相对密度，无量纲；

P_{ai}——所计算的沥青混合料的油石比，%；

γ_{se}——矿料的有效相对密度，无量纲；

γ_{b}——沥青的相对密度（25 ℃/25 ℃），无量纲。

表 5.4　最大理论相对密度（计算法）

混合料类型	合成有效相对密度 γ_{se}	油石比 p_{ai} /%	沥青相对密度	最大理论相对密度 γ_{ti}
沥青混合料	2.710	4.4	1.023	2.531
模拟老化沥青混合料	2.710	4.4	1.059	2.550

3. 沥青浸渍法测定 RAP 的最大理论相对密度

将上述矿料混合料，按照油石比 4.4% 计算沥青添加量，并拌制沥青混合料分散均匀。用沥青作为介质浸渍混合料测定最大理论相对密度，结果见表 5.5，其中沥青的相对密度为 1.029（15 ℃）。同时，对同样配比的混合料进行短期老化与长期老化，采用同样的方法测定最大相对密度，结果见表 5.5。

表 5.5　最大理论相对密度（沥青浸渍法）

规格	M_1/g	M_2/g	M_3/g	M_4/g	M_5/g	水温修正	有效相对密度	有效相对密度平均值
沥青混合料	113.5	77.9	854.3	1261.6	538.3	0.999 13	2.536	2.530
	123.5	86.2	977.9	1 387.9	614.0	0.999 13	2.524	
模拟老化沥青混合料	142.8	77.9	960.9	1 326.1	585.1	0.999 13	2.545	2.551
	158.5	130.8	1 027.3	1 479.4	672.7	0.999 13	2.556	

对比三种方法测得的最大理论相对密度，见表 5.6。

表 5.6　最大理论相对密度

试验方法	最大理论相对密度		
	真空法	计算法	沥青浸渍法
沥青混合料	2.529	2.531	2.530
模拟老化沥青混合料	2.548	2.550	2.551

根据结果可知，采用沥青浸渍法测定 RAP 的最大理论相对密度，沥青材料的数据变异性小，稳定性好。与计算法比较，误差在允许范围内，结果是可靠的。由于不可避免地存在气泡，真空法实测结果略小，也与前文分析相符。

同时对老化前后的指标进行分析，模拟老化后的沥青混合料最大理论相对密度比模拟老化之前的混合料略有增加，主要是因为在模拟老化过程中沥青产生了老化，轻质组分减少，沥青质增加造成的。

5.3.3　沥青浸渍法浸渍热再生沥青混合料

根据上述试验的结论，选用 AC-20C 型热再生沥青混合料，对比计算法和沥青浸渍法测定热再生沥青混合料的最大理论相对密度的准确性，RAP 掺配比例为 30%。

1. 计算最大理论相对密度

RAP 选用某施工企业料仓中经过处理的回收料，利用沥青浸渍法测定其最大理论相对密度为 2.590，根据第 3 章的试验方法回收 RAP 中的沥青，测定相对密度为 1.038，按照式 (5.1) 反算矿料混合料的有效相对密度为 2.688。

新集料分别为 10~15 mm 和 5~10 mm 的玄武岩碎石；细集料采用 0~3 mm 的石灰岩机制砂；沥青采用 SBS 改性沥青，相对密度为 1.026，各项技术指标均满足要求，结果见表 5.7。

表 5.7 不同规格矿料的技术指标

规 格	表观相对密度 /(g·cm⁻¹)	毛体积相对密度 /(g·cm⁻¹)	吸水率 /%
10~15	2.857	2.800	0.71
5~10	2.908	2.848	0.86
0~3	2.720	2.636	1.40
矿粉	2.680	—	—

再生沥青混合料配比见表 5.8，满足 JTG F40—2004 要求。

表 5.8 AC-13C 型再生沥青混合料配比

集料	9.5~16 mm	4.75~9.5 mm	0~2.36 mm	矿粉	RAP
配比/%	22	14	32	2	30

根据工程经验，再生沥青混合料的油石比按照 5% 掺配，因此计算热再生沥青混合料的最大理论相对密度为 2.605。

2. 沥青浸渍最大理论相对密度

按照以上配比拌制热再生沥青混合料，采用浸渍法实测最大理论相对密度，结果见表 5.9。

表 5.9 沥青浸渍热再生沥青混合料最大理论相对密度

规格	M_1/g	M_2/g	M_3/g	M_4/g	M_5/g	水温修正	有效相对密度	有效相对密度平均值
沥青混合料	115.9	76.9	874.3	1 280.5	554.8	0.999 13	2.595	2.600
	113.5	75.6	865.3	1 274.1	550.6	0.999 13	2 605	

根据以上结果可知，利用沥青浸渍法实测热再生混合料的最大理论相对密度，结果误差在允许范围内，变异性小，稳定性好，与计算法得到的结果可相互印证，相互检验。

第6章

厂拌热再生过程中旧矿料颗粒的迁移行为

沥青路面经过长期使用之后，其中的沥青不可避免地出现老化，黏度变大，使沥青路面丧失部分原有的功能。回收沥青路面材料（RAP）由于老化沥青的黏结作用，经破碎后仍以胶团的形式存在，细集料裹附于粗集料周围。目前国内外学者对新旧沥青的作用机理及作用规律开展了广泛研究，但对新旧矿料拌和后的混融状态及分散均匀程度关注较少。在 RAP 与新矿料拌和过程中，短暂的搅拌作用无法完全使 RAP 中的细集料与粗集料脱离，更无法与新加入的矿料拌和均匀，最终造成热再生沥青混合料的均匀性较差，渗水系数偏大。在重载交通及环境因素的影响下，早期病害逐渐增多，严重影响热再生沥青路面的使用寿命，使全寿命周期的养护成本增加。

目前，热再生过程 RAP 中旧矿料颗粒运动变化的试验方法研究还处于探索阶段，目前还没有好的途径来分离新旧矿料，更无法量化旧矿料颗粒的迁移程度。同时，由于缺乏有效的试验方法，对影响 RAP 中旧矿料颗粒迁移规律的影响因素也未进行研究。

6.1 旧矿料颗粒迁移程度对合成级配的影响

下面通过实例分析热再生过程中的矿料迁移对再生沥青混合料级配组成的影响。例如，某热再生项目中的 RAP 级配见表 6.1。

表 6.1 某 RAP 直接筛分和抽提筛分结果

筛孔/mm		19	16	13.2	9.5	4.75	2.36	1.18	0.6	0.3	0.15	0.075
抽提前/%	0~5 mm	100	100	100	100	86.7	47.1	32.1	15.7	11.5	3.8	2.12
	5~15 mm	100	99.2	87.3	43.6	8.5	3.2	1.9	0.9	0.4	0.4	0.4
抽提后/%	0~5 mm	100	100	100	100	89.6	64.7	50.9	35.2	23.4	17.4	8.3
	5~15 mm	100	99.8	92.7	67.5	27.4	18.4	14.8	11	8.1	5.2	2.4

（1）若选择 20%RAP 掺量进行 AC-20C 型热再生沥青混合料级配设计。按设计级配掺加一定比例的新集料和矿粉，按设计油石比加入一定量的新沥青，进行热再生沥青混合料的生产拌和，假设热再生过程中旧矿料完全迁移，则热再生沥青混合料的合成级配曲线如图 6.1 所示。

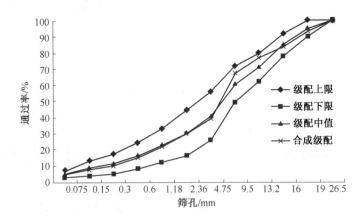

图6.1 矿料完全迁移的 20%RAP 掺量热再生沥青混合料合成级配

在同样的生产条件下，20%RAP 掺量的 AC-20C 型热再生沥青混合料，若热再生过程中旧矿料完全不发生迁移，则再生后沥青混合料的合成级配曲线如图 6.2 所示。

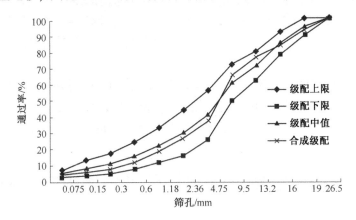

图6.2 矿料完全不迁移的 20%RAP 掺量热再生沥青混合料合成级配

（2）若选择 30%RAP 掺量进行 AC-20C 型热再生沥青混合料级配设计。按设计级配掺加一定比例的新集料和矿粉，按设计油石比加入一定量的新沥青，进行热再生沥青混合料的生产拌和，假设热再生过程中旧矿料完全迁移，则热再生沥青混合料的合成级配曲线如图 6.3 所示。

在同样的生产条件下，30%RAP 掺量的 AC-20C 型热再生沥青混合料，若热再生过程中旧矿料完全不发生迁移，则再生后沥青混合料的合成级配曲线如图 6.4 所示。

由以上热再生沥青混合料级配设计的工程实例分析可以发现，如果热再生过程中细颗粒矿料完全迁移，热再生沥青混合料的实际级配完全可以达到设计级配要求，且接近于级配范围中值；若完全不迁移，细颗粒矿料继续被裹附在 RAP 内，会造成再生沥青混合料级配组成中的有效细颗粒矿料含量较设计值偏低，细集料颗粒的级配曲线全部在中值曲线下方，且接近级配下限，最终会导致再生沥青混合料的空隙率偏大，降低沥青混合料的路用性能，尤其会对其水稳定性能造成严重影响。但就厂拌热再生过程中，被旧沥青膜包裹的矿料能否完全

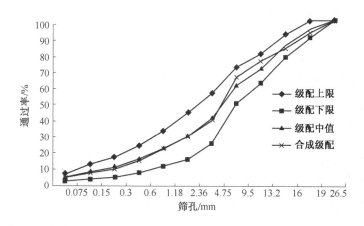

图 6.3　矿料完全迁移的 30%RAP 掺量热再生沥青混合料合成级配

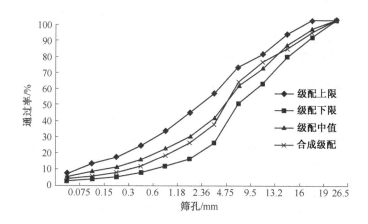

图 6.4　矿料完全不迁移的 30%RAP 掺量热再生沥青混合料合成级配

脱离粗集料，通过拌和机的搅动而不断发生迁移，最终实现在再生沥青混合料中的均匀分布，其具体的迁移状态如何，目前国内外均未见有效的测定和评价方法。

目前由于缺少准确、有效的试验方法测定再生过程中的矿料迁移程度，导致关于细集料含量对再生沥青混合料路用性能影响方面的研究相对较少。因此，基于厂拌热再生过程中矿料的迁移规律深入研究再生沥青混合料的级配优化设计，以提高再生沥青路面的性能和使用寿命，具有重要的理论和现实意义。设计一种行之有效的试验方法，准确地测定再生过程中矿料的迁移程度，研究总结矿料的迁移规律，进一步指导热再生沥青混合料的级配设计，可以极大地推动热再生技术的发展应用。

6.2　旧矿料颗粒迁移程度的测定方法

针对以上问题，需要设计一种测定热再生过程 RAP 中旧矿料颗粒运动变化的试验方法，并分析影响 RAP 中旧矿料颗粒迁移规律的影响因素，利用该方法设计试验，研究以上因素对不同粒径旧矿料颗粒的迁移运动的影响规律。

6.2.1 需要解决的问题

如何通过试验准确测定热再生过程中新旧矿料的混融状态，目前还存在许多问题。

首先，需要明确拌和之前 RAP 中不同粒径矿料的分布，即矿料级配。目前回收 RAP 通常采用翻松设备对旧路面进行翻松或是铣刨机进行冷铣刨，前者无法分层回收混合料，不同层位的 RAP 混在一起；后者铣刨过程中会增加细集料的含量。同时由于 RAP 来源较为复杂，不同路段、不同使用年限等 RAP 的矿料级配、沥青含量会有很大不同，如何制备性状均匀或相近的 RAP 料是关键问题之一。

其次，由于加入的新矿料和新沥青与 RAP 的材料组成相似，经过加热及充分拌和后，无法区分热再生沥青混合料中的新旧矿料，更无法从中分离出 RAP 中的细矿料颗粒和新添加的矿料进行量化分析。因此，需要找出快速、准确分离新旧矿料的方法。

最后，缺乏评价指标表征再生后 RAP 中细颗粒矿料的迁移程度，需要分析 RAP 中旧矿料颗粒在热再生过程中的迁移状态与普通矿料颗粒在沥青混合料拌和过程中的状态差异，因此保证二者级配相同是不得不解决的问题。

6.2.2 旧矿料颗粒迁移程度的测定方法

借助一种具有磁性的铁矿石作为新集料，利用其能够被磁铁吸附的性质，用于将其与 RAP 中的粗集料分离，进而通过抽提筛分定量分析 RAP 中细集料的迁移状态。同时为解决以上问题，本书作者设计出一种旧矿料颗粒迁移程度的测定方法如下：

(1) 模拟制备 RAP，为保证试验过程中所用 RAP 性质均一、级配及油石比相同，使用同样沥青、固定合成级配的矿料拌制沥青混合料并分散成胶团，通过加速老化的方法制备 RAP。

(2) 为方便分离再生沥青混合料中的新旧集料，并对新集料上黏附的旧颗粒矿料进行量化分析，采用单一粒径的上述磁铁矿集料作为新集料，与 RAP、新沥青进行充分拌和、再生。拌和结束后将再生沥青混合料完全分散于试验台，利用磁铁将新矿料从再生沥青混合料中分离出来，此时磁铁矿表面裹附有沥青黏结料和旧矿料颗粒。

(3) 采用抽提法或燃烧炉法分离新集料（磁铁矿）和表面的细矿料颗粒，经筛分后确定旧矿料颗粒的规格与质量 m_{i1}。

由于 RAP 中老化沥青的存在是引起再生沥青混合料拌和过程中新旧矿料无法达到混合均匀状态的主要因素，并且即使经过长时间的拌和，细矿料颗粒也无法完全黏附于粗集料上，仍有部分与胶结料混合填充于粗集料、骨料之间，因此将同配比下普通沥青混合料经充分拌和后的状态视为分散均匀状态，将此时粗集料表面黏结的不同规格细颗粒矿料的质量为基准值，则 RAP 中细颗粒的迁移程度为再生沥青混合料中粗集料表面黏结的细颗粒矿料质量与同配比下普通沥青混合料拌和过程中粗集料表面黏结的细颗粒矿料的比值，因此需要测定同配比普通沥青混合料拌和后磁铁矿黏附细颗粒的质量。

(4) 将与再生沥青混合料相同质量的新旧矿料、沥青充分拌和、再生。拌和结束后将再生沥青混合料完全分散于试验台，利用磁铁将磁铁矿从沥青混合料中分离出来，此时磁铁矿表面裹附有沥青黏结料和细矿料颗粒。采用抽提法或燃烧炉法分离磁铁矿和表面的细矿料颗粒，经筛分后确定旧矿料颗粒的规格与质量 m_{i2}。

（5）不同规格细颗粒旧矿料的迁移程度可用 λ_i 表示，则

$$\lambda_i = \frac{m_{i1}}{m_{i2}} \times 100\% \tag{6.1}$$

测定矿料迁移量的试验流程图如图 6.5 所示。

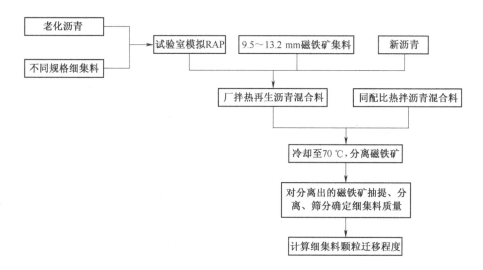

图 6.5　测定矿料迁移量的试验流程图

6.3　旧矿料颗粒迁移行为的试验方案

▌6.3.1　试验原材料

1. 沥青

本试验所用沥青为齐鲁 70# 基质沥青，按《公路工程沥青及沥青混合料试验规程》（JTG E20—2011）要求检测其各项技术指标（表 6.2），检测结果表明其各项技术指标均符合《公路沥青路面施工技术规范》（JTG F40-2004）要求。

表 6.2　齐鲁 70# 基质沥青各项指标检测试验结果

检验项目	单位	技术要求	检测结果	试验方法
针入度（25 ℃，5 s，100 g）	0.1 mm	60~80	74.0	T 0604
延度（10℃）	cm	≥100	55.0	T 0605
软化点（环球法）	℃	≥46	47.6	T 0606
蜡含量（蒸馏法）	%	≤2.2	1.6	T 0615

续表

检验项目	单位	技术要求	检测结果	试验方法
闪点	℃	≥260	>260	T 0611
溶解度	℃	≥99.5	99.8	T 0607
密度（15 ℃）	g·cm^{-3}	实测记录	1.035	T 0603
沥青旋转薄膜烘箱试验（RTFOT）				
质量变化	%	≤±0.8	0.52	T 0609
残留针入度比（25 ℃）	%	≥61	71.8	T 0604
残留延度（15 ℃）	cm	≥15	15.4	T 0605

2. 老化沥青

为获得尽量接近工程实际的老化沥青进行 RAP 的模拟制备，本书采用将前文中的齐鲁 70# 基质沥青摊铺在大铁盘内，置于强制通风烘箱内 170 ℃加热老化 48 h 的试验方法（因老化沥青用量较大，若采用薄膜旋转烘箱和 PAV 压力老化试验方法，虽然可获得更接近工程实际的老化沥青，但上述方法用时较长，且获取量较少）。测定其三大指标见表 6.3。

表 6.3　试验室老化沥青三大指标

项　　目	单位	试验结果	试验方法
针入度（25 ℃，5 s，100 g）	0.1 mm	33.5	T 0604
延度（10 ℃）	cm	7.1	T 0605
软化点（环球法）	℃	69.7	T 0606

分析表 6.3 中的试验数据可以发现，加热后的基质沥青针入度延度明显降低，软化点显著升高，说明基质沥青已经被老化。

3. 细集料

本试验细集料采用优质石灰岩集料，测定其技术指标见表 6.4。可见，所选石灰岩矿料的各项技术指标均满足《公路沥青路面施工技术规范》（JTG F40—2004）要求。

表 6.4　细集料技术指标和试验结果

试验项目	毛体积相对密度/g·cm^{-3}	表观相对密度 g·cm^{-3}	砂当量/%	<0.075 mm 含量/%	棱角性/s
技术标准	—	≥2.5	≥70	≤15	≥30
0~4.75 mm	2.572	2.693	73	13.05	48.3

试验中需要对集料进行水洗、烘干并逐级筛分归档后使用，集料的筛分结果见表 6.5。

表 6.5　集料筛分试验结果

筛孔/mm	13.2	9.5	4.75	2.36	1.18	0.6	0.3	0.15	0.075
0~4.75 mm	100	100	99.6	77.2	54.8	36.0	23.1	17.5	13.0

4. 粗集料

新集料选取安徽铜陵地区某磁铁矿石母材，经破碎、筛分后得到的磁铁矿集料，规格为 4.75~9.5 mm。

磁铁矿的成分及各项技术指标如下。

（1）磁铁矿的成分。磁铁矿在我国分布范围较广，是一种由 FeO 和 Fe_2O_3 组成的混合物，化学式为 Fe_3O_4，晶体属于等轴系氧化矿物，呈铁黑色或暗蓝靛色，磁性极强，可以被磁铁永久吸引。天然磁铁矿如图 6.6 所示。

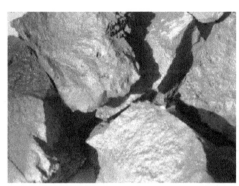

图 6.6　天然磁铁矿

（2）磁铁矿的技术指标。本试验所选磁铁矿石产地为安徽省铜陵，为单一磁铁矿，其主要成分为碳酸盐矿物，无硫、磷等杂质，极易被磁铁吸引，其加工工艺与普通路用集料相同，加工后的磁铁矿集料如图 6.7 所示。

图 6.7　磁铁矿集料

经试验检测，磁铁矿粗集料各项技术指标（表 6.6）均符合《公路沥青路面施工技术规范》（JTG F40-2004）中规定的沥青面层用粗集料质量要求；相比普通集料，其密度较大，且具有强度高、质地坚硬、耐磨耗等特点，磁铁矿集料可以被磁铁永久吸引。

表 6.6 磁铁矿粗集料各项技术指标检测结果

技术指标	沥青面层集料技术要求	测定结果	试验方法
压碎值/%	≯28	9.8	T 0316
磨耗值/%	≯30	9.1	T 0317
表观相对密度/(g·cm⁻³)	≮2.5	3.82	T 0304
吸水率/%	≯3.0	0.21	T 0304
坚固性/%	≯12	0.2	T 0314
与沥青的黏附性	≮4	5级	T 0616
针片状颗粒含量/%	≯18	0	T 0312
其中粒径大于9.5 mm/%	≯15	0	
其中粒径小于9.5 mm/%	≯20	0	
水洗法<0.075颗粒含量/%	≯1	0	T 0310
磨光值PSV	≮42	45	T 0321

注：所选集料为9.5~13.2 mm的磁铁矿，为消除集料表面黏附的粉料和灰尘的影响，对其进行水洗后再烘干，挑除针片状集料。

5. 矿粉

本试验所用矿粉洁净、干燥，其主要技术指标见表6.7，可见，其各项技术指标均能满足《公路沥青路面施工技术规范》（JTG F40-2004）要求。

表 6.7 矿粉技术指标试验结果

试验项目		技术标准	试验结果	试验方法
表观相对密度/(g·cm⁻³)		≥2.45	2.715	T 0352
含水量/%		≤1.0	0.46	T 0103 烘干法
粒度范围	<0.6 mm/%	100	100	T 0351
	<0.15 mm/%	90~100	99.4	
	<0.075 mm/%	70~100	92.6	
外观		无团粒结块	无团粒结块	—
加热安定性		实测记录	颜色无变化	T 0355

注：进行本表试验时需对所选矿粉过0.075 mm筛孔的方孔筛后使用。

6.3.2 RAP 的模拟制备

1. 级配设计

本试验主要分析粒径≤1.18 mm的细集料，为降低试验的干扰因素，同时便于新、旧集料的分离，本试验选用0~5mm的集料，按照设计级配（表6.8）用各规格的集料（图6.8）逐档配置模拟RAP料。

表6.8 RAP的合成级配

筛孔尺寸/mm	4.75	2.36	1.18	0.6	0.3	0.15	0.075
通过率/%	100	70.6	53.9	44.3	31.9	23.9	13.5

图6.8 分档后的各规格细颗粒矿料

2. 沥青用量

为合理确定沥青用量，以矿料的油膜厚度（沥青膜有效厚度）为指标，计算拌制RAP所需的沥青质量，具体方法可参照美国沥青协会（AI）提出的矿料表面积系数（表6.9）。

表6.9 AI提出的集料表面积系数

筛孔/mm	≥4.75	2.36	1.18	0.6	0.3	0.15	0.075
表面积系数/(m²·kg⁻¹)	0.41	0.82	1.64	2.87	6.14	12.29	32.77

先测定和计算矿料的合成毛体积密度 γ_{sb}，按照式（6.2）计算矿料的比表面积。

$$SA = FA_i \times P_i \tag{6.2}$$

式中 SA——集料的比表面积，m²/kg；

FA_i——各种粒径集料的表面积系数；

P_i——各种粒径的通过百分率，%。

再以预估RAP的最佳沥青用量拌制混合料，用真空法测定其最大理论密度 γ_t，计算矿料的合成有效密度 γ_{se}、有效沥青含量 P_{be}，最后按照下式计算拌制RAP需加入的沥青质量 m_b。

$$m_b = \frac{DA \times SA \times \gamma_b}{P_{be}} \cdot m_s \tag{6.3}$$

式中 SA——集料的比表面积，m²/kg；

DA——沥青膜有效厚度，μm；

γ_b——沥青的相对密度（25℃/25℃）；

P_{be}——有效沥青含量，%；

m_s——矿料质量，kg。

现有研究数据表明，沥青混合料中集料表面的沥青膜厚度一般为6~12 μm，选取RAP料表面沥青膜厚度为6 μm，估算其沥青用量为5.0%。

3. RAP的生产拌和

按照与普通热拌沥青混合料相同的拌和方法，进行试验室模拟RAP料的生产拌和，具体生产拌和过程如下。

（1）将集料和矿粉置于铁盘上，放入 105 ℃±5 ℃的烘箱中烘干，直至恒重。

（2）根据模拟 RAP 的设计级配分别称取各规格集料，分别放置在铁盘内，在 170 ℃烘箱中保温备料；老化沥青置于 160 ℃烘箱内保温备用。

（3）将沥青混合料拌锅提前预热至 160 ℃；先将 1.18～4.75 mm 的集料加入拌锅内，用小铲子搅拌均匀，然后倒入老化沥青，拌和 90 s，再加入剩余细集料继续拌和 90 s，将拌和均匀的 RAP 料取出并摊开冷却至室温。

拌和后的模拟 RAP 料如图 6.9 所示。可以发现，集料表面的沥青膜裹附较为均匀，细颗粒矿料却被沥青膜包裹在较粗的集料表面，用手捻后不会脱落。

图 6.9　模拟 RAP 料

6.3.3　影响因素分析与水平设置

根据上述测定方法，研究不同粒径旧矿料颗粒的迁移规律。在大量室内试验和工程实践中发现，RAP 掺配比例、拌和时间、再生混合料油膜厚度和再生剂掺量是影响旧矿料颗粒的迁移规律的重要因素。因此，选择 RAP 掺量、拌和时间、油膜厚度和再生剂掺量 4 个影响因素，分别设置 4 个因素水平，具体见表 6.10，按照以上试验步骤，在不同试验条件下分别制备热再生沥青混合料、普通沥青混合料，测定迁移至磁铁矿集料表面的质量，研究对细矿料颗粒迁移规律的影响。

表 6.10　试验影响因素与水平设置

水平设置	RAP 掺量/%	拌和时间/s	油膜厚度/μm	再生剂用量/%
1	0	180	6	0
2	20	240	7	4
3	30	300	8	8
4	40	360	9	12

注：拌和时间为沥青混合料的总拌和时间，油膜厚度为所有矿料（旧矿料与新集料）的油膜厚度。

6.3.4　试验步骤

1. 热再生沥青混合料拌和

热再生沥青混合料的试验室生产拌和工艺应尽量与工厂生产拌和情况接近，为保证试验结果的准确性和代表性，进行室内模拟热再生试验时，拌和工艺也应尽量符合工程实际，具体拌和步骤如下。

（1）按照 2 000 g 左右沥青混合料的总质量，计算 RAP、新集料、沥青等质量并称取矿料；将制备好的 RAP 料置于烘箱内以固定温度（120~130 ℃）保温 3h 以上；将新集料（磁铁矿）放在干净的铁盘中，置于 170 ℃±5 ℃烘箱内保温 3h 以上，新沥青 160 ℃±5 ℃烘箱内保温。

（2）将新集料倒入预热好的拌和锅中，加入新沥青后，拌和 90 s，然后加入试验室模拟的 RAP 料，用小铲子搅拌均匀后，继续拌和 90 s，累计拌和时间为 180 s，拌和温度为 150 ℃。其他拌和时间条件下，加入沥青前后的拌和时间均为总时间的 1/2。

（3）将拌和均匀的再生沥青混合料，倒入试验盘中，摊铺开，待适当降温后（约 70 ℃时），用磁铁迅速将裹附了沥青和细颗粒矿料的磁铁矿细集料吸出（图 6.10），与其他矿料分离。

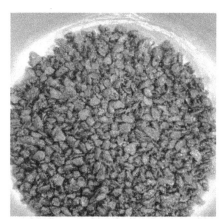

图 6.10　利用磁铁将新集料分离

2. 同配比普通热拌沥青混合料拌和

为保证试验数据具有代表性，同配比普通热拌沥青混合料的生产拌和应尽量符合现场热拌沥青混合料的生产工艺，具体试验步骤如下。

（1）按照 2 000 g 左右沥青混合料的总质量，计算粗集料、细集料、矿粉和沥青等质量并称取矿料；将粗集料、细集料和矿粉分别放在铁盘内，置于 105 ℃±5 ℃的烘箱内进行烘干，直至恒重。

（2）按设计级配分别称取各组沥青混合料所需矿料，将所称矿料分别放在铁盘上，置于 170 ℃的烘箱内保温 3 h。

（3）将沥青置于 160 ℃左右的烘箱内保温备用。

（4）沥青混合料拌和锅预先加热到拌和温度（160 ℃）以上 10 ℃备用。

（5）将磁铁矿和 1.18 mm 以上的石灰岩加入预热好的拌和锅中，用小铲子搅拌均匀，加入沥青，拌和 90 s，然后加入 1.18 mm 以下的细集料，用小铲子适当搅拌后，继续搅拌 90 s。

（6）将混合料倒入铁盘，适当降温至 70 ℃ 左右，用磁铁吸出混合料中的磁铁矿，置于铁盘内备用。

3. 不同规格矿料颗粒迁移量测定

为准确测得各档细集料迁移到新集料表面的质量，首先应通过抽提试验去除矿料表面裹附的沥青膜，然后对剩余的矿料进行分离后称重。试验的具体操作步骤如下。

（1）用高速离心抽提仪分别对上述吸出的磁铁矿料进行抽提，该过程应尽量延长抽提时间，以保证矿料表面的沥青被抽提干净，否则会导致迁移量的试验结果偏小。

（2）将抽提完全的磁铁矿混合料分别置于铁盘中，置于通风干燥处晾干矿料表面的三氯乙烯溶液，然后将盛有矿料的铁盘放入 105 ℃±5 ℃ 的强制通风干燥箱内烘干。

（3）将烘干的矿料取出，待矿料冷却后，用磁铁将磁铁矿吸出，对剩余细集料进行筛分试验，确定各规格细集料的迁移质量，并计算热再生过程中各规格细集料的迁移量 m_{i1}，计算普通沥青混合料中各规格细集料的迁移率 m_{i2}；按照上述条件，制作第二份试样进行平行试验，取其平均值作为试验结果。

（4）上述抽提试验中，当对各组再生混合料进行抽提时，需要对离心分离筒、滤纸和沥青回收液内的矿粉进行测定，计入矿粉迁移量。

（5）不同规格细颗粒旧矿料的迁移程度计算。

按照以下公式热再生过程中不同规格细颗粒旧矿料的迁移程度 λ_i。

$$\lambda_i = \frac{m_{i1}}{m_{i2}} \times 100\% \tag{6.4}$$

式中　λ_i——第 i 档细集料的迁移程度，%；

　　　m_{i1}——热再生沥青混合料中第 i 档细集料的迁移质量，g；

　　　m_{i2}——普通沥青混合料中第 i 档细集料的迁移质量，g。

6.4 热再生过程中旧矿料颗粒的迁移规律

6.4.1 不同 RAP 掺量的迁移程度

测定 3 种不同 RAP 掺量（20%、30%、40%）条件下，不同规格细颗粒矿料的迁移程度，拌和时间选用 180 s，再生混合料油膜厚度 8 μm，不加入再生剂。普通沥青混合料采用与再生沥青混合料相同的配比及拌制方法，不同规格细颗粒旧矿料对迁移程度的影响如表 6.11 和图 6.11 所示。

试验结果表明，与普通沥青混合料相比，在相同的条件（合成级配、拌和时间、拌和温度、沥青用量等）下，RAP 掺量对结果影响不大，但不同 RAP 掺量的热再生沥青混合料中粗颗粒表面黏结裹附的细颗粒矿料均明显偏少，RAP 中的细颗粒（≤1.18 mm）矿料未能完全脱离旧矿料自由迁移，其迁移程度为 55%~75%，分散均匀性远远低于普通沥青混合料。

根据以上结果，在进行再生沥青混合料配合比设计时，应对其级配进行优化设计，避免出现设计级配与实际级配不符。

表 6.11 不同 RAP 掺量的迁移程度

粒径/mm	RAP 掺量		
	20%	30%	40%
0.6~1.18	61.42%	61.22%	65.20%
0.3~0.6	59.84%	64.35%	64.52%
0.15~0.3	64.99%	69.78%	70.53%
0.075~0.15	68.05%	75.14%	71.91%

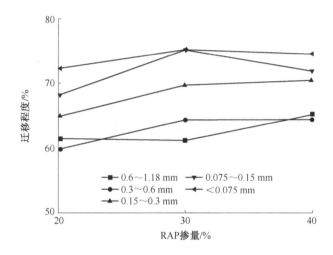

图 6.11 不同 RAP 掺量对迁移程度的影响

6.4.2 不同拌和时间的迁移程度

测定 4 种不同拌和时间（180 s、240 s、300 s、360 s）条件下，不同规格细颗粒矿料的迁移程度，RAP 掺量选用 30%，再生混合料油膜厚度 8 μm，不加入再生剂。普通沥青混合料采用与再生沥青混合料相同的配比及拌制方法，不同规格细颗粒旧矿料对迁移程度的影响如表 6.12 和图 6.12 所示。

表 6.12 不同拌和时间对迁移程度的影响

粒径/mm	拌和时间/s			
	90	120	150	180
0.6~1.18	61.22%	76.04%	77.44%	81.14%
0.3~0.6	64.35%	79.33%	84.55%	87.24%
0.15~0.3	69.78%	82.21%	87.04%	87.28%
0.075~0.15	75.14%	81.80%	86.02%	89.07%

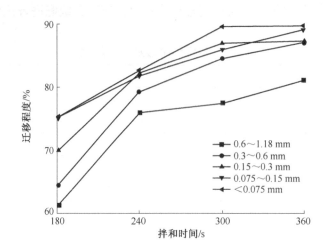

图 6.12　不同拌和时间对迁移程度的影响

试验结果表明，随着拌和时间的增加，旧矿料颗粒的迁移程度逐渐增加，但拌和时间增加至一定程度时，该趋势变缓；适当增加热再生沥青混合料的拌和时间，可以促进旧矿料颗粒脱离 RAP 中的细矿料颗粒自由迁移，使实际级配与设计级配更相符。

6.4.3　不同沥青用量的迁移程度

测定 4 种不同油膜厚度（6 μm、7 μm、8 μm、9 μm）条件下，不同规格细颗粒矿料的迁移程度，RAP 掺量选用 30%，拌和时间选用 180 s，不加入再生剂。普通沥青混合料采用与再生沥青混合料相同的配比及拌制方法，不同规格细颗粒旧矿料对迁移程度的影响如表 6.13 和图 6.13 所示。

表 6.13　不同油膜厚度对迁移程度的影响

粒径/mm	油膜厚度/μm			
	6	7	8	9
0.6~1.18	38.91%	52.78%	61.16%	69.54%
0.3~0.6	39.74%	57.66%	63.39%	69.12%
0.15~0.3	46.55%	62.89%	68.16%	71.43%
0.075~0.15	54.83%	64.48%	70.05%	75.62%

试验结果表明，随着沥青用量的增加，不同规格旧矿料颗粒的迁移程度逐渐变大，分析其原因，是由于 RAP 中旧沥青老化后变得黏稠，而加入的新沥青通过与之融合，能够降低其黏稠度，提高流动性，从而促进旧矿料颗粒的迁移，加入的新沥青越多，该作用越明显。但在试验过程中，按照 9 μm 油膜厚度拌制的沥青混合料出现少量泛油，已不具备继续增加沥青用量的条件。

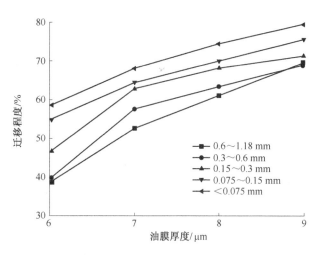

图 6.13　不同油膜厚度对迁移程度的影响

6.4.4　不同再生剂掺量的迁移程度

对老化沥青分别掺加 0%、4%、8%、12% 再生剂，充分搅拌后测定三大指标和动力黏度，结果见表 6.14。

表 6.14　掺加不同掺量再生剂的老化沥青指标

粒径/mm	再生剂用量/%			
	0	4	8	12
针入度（25 ℃，5 s，100 g）/0.1 mm	33.5	45.5	63.7	82.8
延度（10 ℃）/cm	7.1	17	40	56
软化点（环球法）/℃	69.7	62.8	54.8	46.6
动力黏度/(Pa·s)	600	503	380	207

相同 RAP 掺量（30%）、相同拌和时间（180 s），油膜厚度（8 μm），4 种不同再生剂掺量（0%、2%、4%、6%）条件下，不同规格细颗粒旧矿料对迁移程度的影响如表 6.15 和图 6.14 所示。

表 6.15　不同再生剂掺量对迁移程度的影响

粒径/mm	再生剂用量/%			
	0	4	8	12
0.6~1.18	61.22%	79.00%	80.00%	80.00%
0.3~0.6	64.35%	79.00%	85.00%	87.00%
0.15~0.3	69.78%	84.74%	85.00%	90.00%
0.075~0.15	75.14%	88.91%	90.00%	93.00%

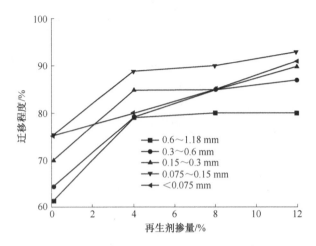

图 6.14　不同再生剂掺量对迁移程度的影响

　　试验结果表明，随着再生剂用量的增加，不同规格旧矿料颗粒的迁移程度逐渐变大，但再生剂用量达到4%之后增加趋缓，分析其原因，是由于 RAP 中旧沥青老化后变得黏稠，而加入的再生剂通过与老化沥青融合，能够降低其黏稠度，提高流动性，从而促进旧矿料颗粒的迁移，加入的再生剂越多，该作用越明显。

■ 6.4.5　不同影响因素的方差分析

　　依据上述试验数据，利用统计软件 SPSS 分析各因素对迁移程度影响的重要程度，结果见表 6.16。

表 6.16　各因素对迁移程度影响的方差分析

因变量：迁移程度					
源	Ⅲ型平方和	dF	均方	F	Sig.
校正模型	0.481[a]	12	0.040	8.905	0.000
截距	2.554	1	2.554	567.528	0.000
粒径/规格	0.073	4	0.018	4.079	0.006
RAP 掺量	0.007	2	0.003	0.768	0.470
拌和时间	0.089	3	0.030	6.594	0.001
油膜厚度	0.231	3	0.077	17.123	0.000
再生剂掺量	1.94	3	0.56	12.354	0.001
误差	0.216	48	0.004		
总计	32.478	61			
校正的总计	0.697	60			
a. R 方 =0.690（调整 R 方 =0.613）					

　　由表 6.16 可知，RAP 掺量对应 F 值的显著性概率为 0.47，大于 0.05，说明该因素对迁移程度的影响不显著，而拌和时间、油膜厚度和再生剂掺量在一定范围内对迁移程度具有显著影响。

第 7 章

基于矿料迁移规律的级配优化设计方法

如前所述，在 RAP 与新矿料拌和过程中，短暂的搅拌作用无法完全使 RAP 中的细集料与粗集料脱离，更无法与新加入的矿料拌和均匀，最终造成热再生沥青混合料的均匀性较差，级配与设计级配偏差较大，引起早期病害。因此，需要结合矿料的迁移规律，对其级配进行优化设计。

7.1　热再生沥青混合料级配优化设计步骤

基于矿料迁移规律的热再生沥青混合料矿料级配的优化设计方法，包括以下步骤。

（1）确定工程设计级配范围。

（2）分别测定新添加料、回收沥青路面材料（RAP）的级配。

（3）根据前文的试验结果，确定回收沥青路面材料（RAP）中粒径<1.18 mm 的矿料有效级配系数 X，计算 RAP 中细集料的有效级配。

（4）根据步骤（1）~（3）的试验和测试结果，依据工程设计级配范围，进行级配优化设计。

所述步骤（1）中，确定工程设计级配范围的具体步骤如下。

根据公路等级、气候条件、交通特点，充分借鉴成功经验，确定工程设计级配范围。工程设计级配范围应符合交通运输部 JTG F40—2004 规定的级配范围。

所述步骤（2）中，确定新矿料、回收沥青路面材料（RAP）中旧矿料级配的具体步骤如下。

（2.1）对新矿料进行筛分试验，确定各规格新矿料的级配组成。

（2.2）对 RAP 料抽提后，通过筛分确定 RAP 中旧矿料的级配组成。

所述步骤（3）中，根据旧矿料颗粒的迁移规律，将 RAP 中粒径<1.18 mm 的矿料有效级配可在筛分得到的通过率基础上乘以系数 X，粒径≥1.18 mm 的矿料取值为 1。计算该 RAP 料在热再生过程中发生迁移的有效细集料含量，确定其在再生沥青混合料级配组成中的有效级配，重新进行配合比设计。X 的取值应根据前文得出的旧矿料的迁移规律及工程经验综合确定。

所述步骤（4）中，级配优化设计具体步骤如下。

根据步骤（1）确定的工程设计级配范围，结合步骤（2）确定的新集料级配，按照步骤

（3）所确定的 RAP 有效矿料级配，进行热再生沥青混合料的级配优化设计，并确定各规格矿料与 RAP 的用量（质量百分数）。

7.2 热再生沥青混合料级配优化设计过程

下面以具体工程为例，利用级配优化设计方法，基于热再生过程中旧矿料颗粒的迁移状态对合成级配进行优化。

7.2.1 试验原材料

旧沥青路面回收料（RAP）是再生沥青混合料的主要原材料，将全部或部分用于再生沥青混合料，其性状对再生效果和再生混合料的性能有着重要的影响，是再生沥青混合料配合比设计的重要依据。因此，在对再生沥青混合料进行配合比设计之前，必须通过试验准确测定 RAP 材料的相关性能指标，主要是旧沥青含量、性能指标和旧集料的级配、性能指标的测定。

1. 旧沥青含量及性能评价

RAP 中的沥青含量直接影响再生混合料的油石比设计，必须通过精确的试验方法进行确定。因需要研究旧沥青性质，常采用抽提试验测定抽提前后混合料的质量差以确定旧沥青含量，所以确保抽提过程中混合料质量的准确性是试验成功的关键。需特别注意以下两点：一是尽量延长抽提时间，减少旧沥青的残余量，保证抽提的充分性，若集料表面有旧沥青残余会导致测得沥青含量偏低；二是准确测定沥青回收液中的矿粉含量，首先精确量取回收液的体积（精确到 mL），将抽提液充分搅拌均匀后，取两份各 10 mL 的溶液分别置于坩埚中进行热浴加热后，置于高温电阻炉内烧成残渣，冷却后按 1 g 残渣对应 5 mL 碳酸铵饱和溶液的用量比例加入碳酸铵饱和溶液，将混合液静置 1 h 后放入干燥箱内干燥。

本研究采用德国生产的 infra Test 高速离心抽提仪（图 7.1）、旋转蒸发器（图 7.2）对 RAP 料进行抽提、回收，首先用三氯乙烯做溶剂对 RAP 料进行离心抽提，得到沥青和三氯乙烯的混合溶液，然后用旋转蒸发器将混合液内的三氯乙烯蒸馏回收，进而得到 RAP 料中的回

图 7.1 infra Test 高速离心抽提仪

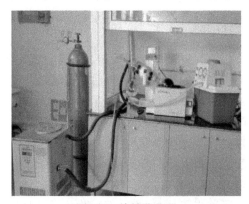

图 7.2 旋转蒸发器

收旧沥青（需对旋转蒸发器进行空白试验校准），测定回收沥青三大指标，对 RAP 料中的旧沥青含量和性能进行评价。

本试验所选用 RAP 料为济南通达公司章丘储料仓内的 RAP 旧料。经过多次试验反复测定回收沥青三大指标，对其去掉异常值后取均值作为旧沥青三大指标的测定值。将试验结果的平均值整理汇总见表 7.1。

表 7.1　旧沥青试验结果

项　　目	单　　位	试验结果
针入度（25 ℃，5 s，100 g）	0.1 mm	30.5
延度（10 ℃）	cm	6.6
软化点（环球法）	℃	73.6
RAP 中沥青含量	%	3.0

由表 7.1 中的试验数据可以看出，该回收沥青的针入度、延度指标均大幅度降低，软化点指标显著升高，说明沥青已经严重老化，其性能已经不能满足路用性能要求，但针入度为30.5，仍符合关于老化沥青再生利用的相关标准规定，可对其进行再生利用；测得该 RAP 材料的沥青含量偏低，仅为 3.0%。分析原因：路面经过多年使用之后，在自然因素及交通荷载的长期综合作用下，路面病害逐年加重，沥青逐渐发生一些物化反应后挥发和剥落，造成沥青老化且含量下降。

2. 旧集料级配及性能评价

（1）旧集料级配。由于旧集料的级配将直接参与再生混合料的级配组成，会在很大程度上影响再生沥青混合料的配合比设计，并在一定程度上影响再生沥青混合料的级配。本书首先对旧路面回收材料（RAP）进行抽提试验，然后对抽提后剩余的旧矿料进行筛分试验及相关物理性能检测。该 RAP 分为 0~10 mm 和 10~18 mm 两种规格。为保证试验的准确性，对旧集料进行多次筛分试验后取其平均值作为抽提后的级配，试验结果见表 7.2。

表 7.2　旧集料抽提筛分试验结果

筛孔/mm	16	13.2	9.5	4.75	2.36	1.18	0.6	0.3	0.15	0.075
10~18	99.8	92.7	67.5	27.4	18.4	14.8	11	8.1	6.6	4.8
0~10	100	100	100	89.6	64.7	50.9	35.2	25.7	21.6	17.9

（2）旧集料性能评价。按规范要求，对旧沥青路面回收材料中集料的物理力学性能指标进行检测。具体试验结果见表 7.3。

表 7.3　旧集料的技术指标试验结果

试验项目	表观相对密度	磨耗值/%	针片状含量/%	压碎值/%	与沥青的黏附性	水洗法（<0.075 mm 颗粒含量）
技术标准	≥2.45	≤30	≤20	≤30	≥4 级	≤1
旧集料	2.700	11.6	7.5	0.76	5 级	0.24

由表 7.3 中的试验数据可知，旧集料的磨耗值和压碎值等力学指标均能满足规范要求，

这是由于沥青路面经过长期使用，易碎集料已经被压碎细化，剩余集料则比较坚硬，故旧集料的力学性能都较好，这也从集料再生的角度说明了该 RAP 材料具有再生利用价值；旧集料中针片状的含量较低，表明其形状良好；其与沥青的粘附性较好，且符合规范要求。总体来说，该 RAP 材料的物理力学性能较好，可以用来再生利用。

3. 沥青结合料

本试验所用沥青为齐鲁 70# 基质沥青，各项指标如表 3.5 所示。

4. 粗集料

本试验粗集料采用济南三合石料厂生产的石灰岩矿料，石灰岩矿料规格分为 9.5～26.5 mm、9.5～19 mm 和 4.75～9.5 mm 三档。粗集料技术指标和试验结果见表 7.4。可见，粗集料各项技术指标均满足《公路沥青路面施工技术规范》（JTG F40—2004）要求。

表 7.4　粗集料技术指标和试验结果

试验项目	表观相对密度	针片状含量/%	压碎值/%	吸水率/%	与沥青的粘附性	坚固性/%	水洗法（<0.075 mm 颗粒含量）
技术标准	≥2.45	≤20	≤30	≤3.0	≥4 级	—	≤1
19～26.5 mm 碎石	2.718	5.4	15.6	0.23	5 级	—	0.16
9.5～19 mm 碎石	2.728	6.3	11.6	0.36	5 级	—	0.21
4.75～9.5 mm 碎石	2.730	7.8	—	0.80	5 级	—	0.26

5. 细集料

本试验所选细集料为优质石灰岩矿料，其技术指标的试验结果见表 7.5。可见，所选细集料各项指标均满足《公路沥青路面施工技术规范》（JTG F40-2004）要求。

表 7.5　细集料技术指标和试验结果

试验项目	毛体积相对密度	表观相对密度	砂当量/%	<0.075 mm 含量/%	亚甲蓝值 MBV/（g·kg⁻¹）	棱角性/s
技术标准	—	≥2.5	≥70	≤15	≤25	≥30
0～2.36 mm 机制砂	2.572	2.693	73	13.05	0.8	47.6

6. 填料

填料为矿粉，矿粉技术指标和试验结果见表 7.6。

表 7.6　矿粉技术指标和试验结果

试验项目		技术标准	试验结果	试验方法
表观相对密度		≥2.45	2.715	T 0352—2000
含水量/%		≤1.0	0.46	T 0103 烘干法
粒度范围	<0.6 mm/%	100	100	T 0351—2000
	<0.15 mm/%	90～100	99.4	
	<0.075 mm/%	70～100	92.6	
外观		无团粒结块	无团粒结块	—
加热安定性		实测记录	颜色无变化	T 0355—2000

对以上所选各档矿料的筛分试验结果进行汇总，见表 7.7。

表 7.7　矿料的筛分试验结果

规格 筛孔/mm	19~26.5 mm 碎石	9.5~19 mm 碎石	4.75~9.5 mm 碎石	0~2.36 mm 机制砂	矿粉
31.5	100.0	100.0	100.0	100.0	100.0
26.5	66.0	100.0	100.0	100.0	100.0
19	3.2	75.9	100.0	100.0	100.0
16	0.5	44.5	99.7	100.0	100.0
13.2	0.2	22.9	99.7	100.0	100.0
9.5	0.2	3.8	94.6	100.0	100.0
4.75	0.2	0.9	3.3	99.6	100.0
2.36	0.2	0.9	1.6	77.2	100.0
1.18	0.2	0.9	1.6	54.8	100.0
0.6	0.2	0.9	1.6	36.0	100.0
0.3	0.2	0.9	1.5	23.1	100.0
0.15	0.2	0.8	1.5	17.5	99.4
0.075	0.2	0.8	1.4	13.0	92.6

7.2.2　原级配设计

按传统的级配设计方法对 3 种配比（20%RAP 掺量的 AC-20C 型、30%RAP 掺量的 AC-20C 型和 30%RAP 掺量的 AC-25C 型）的再生沥青混合料进行级配设计。再生沥青混合料的合成级配范围必须满足《公路沥青路面施工技术规范》（JTG F40—2004）要求，不同 RAP 掺量下热再生沥青混合料的级配组成设计见表 7.8~表 7.10。

表 7.8　20%RAP 掺量下 AC-20C 型再生沥青混合料级配组成设计

集料 筛孔/mm	9.5~19 mm	4.75~9.5 mm	0~2.36 mm	1#RAP	2#RAP	合成级配	级配要求
	30	24	26	5	15	—	—
26.5	100.0	100.0	100.0	100	100	100.0	100
19.0	75.9	100.0	100.0	100	100	92.8	100~90
16	44.5	99.7	100.0	100	99.8	83.2	95~83
13.2	22.9	99.7	100.0	100	92.7	75.7	86~73
9.5	3.8	94.6	100.0	100	67.5	65.0	70~56
4.75	0.9	3.3	99.6	89.6	27.4	35.5	48~35
2.36	0.9	1.6	77.2	64.7	18.4	26.7	33~22
1.18	0.9	1.6	54.8	50.9	14.8	19.7	23~15

集料	9.5~19 mm	4.75~9.5 mm	0~2.36 mm	1#RAP	2#RAP	合成级配	级配要求
筛孔/mm	配比/%						
	30	24	26	5	15	—	—
0.6	0.9	1.6	36.0	35.2	11	13.4	16~10
0.3	0.9	1.5	23.1	25.7	8.1	9.1	11~6
0.15	0.8	1.5	17.5	21.6	6.6	7.2	9~5
0.075	0.8	1.4	13.0	17.9	4.8	5.6	6~4

表7.9 30%RAP掺量下AC-20C型再生沥青混合料级配组成设计

集料	9.5~19 mm	4.75~9.5 mm	0~2.36 mm	1#RAP	2#RAP	合成级配	级配要求
筛孔/mm	配比/%						
	30	18	22	7	23	—	—
26.5	100.0	100.0	100.0	100	100	100.0	100
19.0	75.9	100.0	100.0	100	100	92.8	100~90
16	44.5	99.7	100.0	100	99.8	83.3	95~83
13.2	22.9	99.7	100.0	100	92.7	75.1	86~73
9.5	3.8	94.6	100.0	100	67.5	62.7	70~56
4.75	0.9	3.3	99.6	89.6	27.4	35.4	48~35
2.36	0.9	1.6	77.2	64.7	18.4	26.3	33~22
1.18	0.9	1.6	54.8	50.9	14.8	19.6	23~15
0.6	0.9	1.6	36.0	35.2	11	13.5	16~10
0.3	0.9	1.5	23.1	25.7	8.1	9.3	11~6
0.15	0.8	1.5	17.5	21.6	6.6	7.4	9~5
0.075	0.8	1.4	13.0	17.9	4.8	5.7	6~4

表7.10 30%RAP掺量下AC-25C型再生沥青混合料级配组成设计

集料	19~26.5 mm	9.5~19 mm	4.75~9.5 mm	0~2.36 mm	1#RAP	2#RAP	合成级配	级配要求
筛孔/mm	配比/%							
	16	22	16	16	6	24	—	—
31.5	100.0	100.0	100.0	100.0	100.0	100.0	100.0	100
26.5	66.0	100.0	100.0	100.0	100	100	94.6	100~90
19.0	3.2	93.1	100.0	100.0	100	100	79.2	89~76
16	0.5	70.6	100.0	100.0	100	99.8	71.8	82~68
13.2	0.2	52.3	100.0	100.0	100	92.7	65.3	74~60
9.5	0.2	19.5	99.2	100.0	100	67.5	54.2	62~47
4.75	0.2	0.9	16.1	99.0	89.6	27.4	28.7	41~28

集料	19~26.5 mm	9.5~19 mm	4.75~9.5 mm	0~2.36 mm	1#RAP	2#RAP	合成级配	级配要求
筛孔/mm	配比/%							
	16	22	16	16	6	24	—	—
2.36	0.2	0.9	4.1	68.8	64.7	18.4	21.1	28~18
1.18	0.2	0.9	1.6	52.0	50.9	14.8	15.9	22~11
0.6	0.2	0.9	1.6	35.9	35.2	11	11.0	15~8
0.3	0.2	0.9	1.5	29.3	25.7	8.1	7.7	10~6
0.15	0.2	0.8	1.5	24.8	21.6	6.6	6.1	7~4
0.075	0.2	0.8	1.4	21.4	17.9	4.8	4.7	5~3

7.2.3　合成级配优化设计

若按 7.2.2 的级配组合设计，显然再生沥青混合料的级配设计符合规范要求，且级配良好。但是由第 6 章研究结论可知，热再生沥青混合料的拌和过程中，由于老化沥青膜对细颗粒矿料颗粒的裹附作用，经过简单拌和后细颗粒矿料不能完全从粗颗粒表面脱离，将导致再生沥青混合料的实际级配及细颗粒矿料的分布状态并不能达到目标级配设计的预期效果。因此，需要结合矿料的迁移规律，确定 RAP 在热再生过程中发生迁移的有效细集料含量，进一步确定 RAP 的有效级配，利用其有效级配进行再生沥青混合料的级配设计，各规格细集料的有效级配可按下式计算。

$$P_i^* = \frac{P_i \times \lambda_i}{\sum (P_i \times \lambda_i)} \times 100\% \qquad (7.1)$$

式中　P_i^*——第 i 种粒径旧矿料的有效质量百分率，%；

　　　P_i——第 i 种粒径旧矿料的质量百分率，%；

　　　λ_i——第 i 种粒径旧矿料的迁移程度，%，粒径 < 1.18 mm 的矿料按式（6.1）确定，粒径 ≥ 1.18 mm 的矿料取值为 1。

计算该 RAP 料在热再生过程中发生迁移的有效细集料含量，确定其在再生沥青混合料级配组成中的有效级配，并与 RAP 料抽提筛分级配进行对比，对比结果如图 7.3 和图 7.4 所示。

由图 7.3 和图 7.4 中不同掺量下 RAP 的有效级配与抽提筛分级配曲线的对比结果可以发现，热再生过程中旧矿料可以发挥作用的有效级配较其抽提筛分级配偏低，特别是粒径在 4.75 mm 以下的矿料级配曲线与原级配相差较大，即 RAP 中有效细集料偏少。基于这种现象的存在，若按照 RAP 的抽提筛分级配对热再生量混合料进行级配设计，会导致混合料中旧的细矿料有效含量偏低，影响混合料的路用性能，因此需要对热再生沥青混合料进行级配优化。

利用该 RAP 的有效级配进行再生沥青混合料的级配优化设计，不同 RAP 掺量下热再生沥青混合料的级配组成设计见表 7.11~表 7.13。

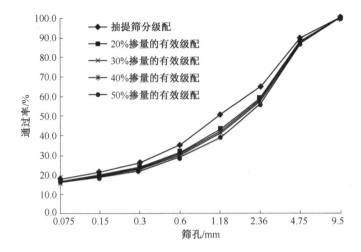

图 7.3　不同掺量下 0~10 mm RAP 料的有效级配曲线

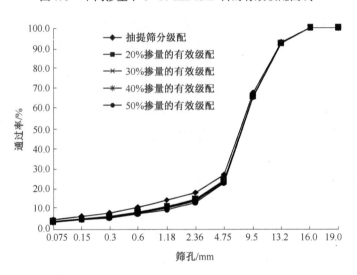

图 7.4　不同掺量下 10~18 mm RAP 料的有效级配曲线

表 7.11　20%RAP 掺量下 AC-20C 型再生沥青混合料级配优化设计

集料	9.5~ 19 mm	4.75~ 9.5 mm	0~ 2.36 mm	1#RAP	2#RAP	合成 级配	级配要求
筛孔/mm	配比/%						
	29	24	27	6	14	—	—
26.5	100.0	100.0	100.0	100.0	100.0	100.0	100
19.0	75.9	100.0	100.0	100.0	100.0	93.0	100~90
16	44.5	99.7	100.0	100.0	99.8	83.8	95~83
13.2	22.9	99.7	100.0	100.0	92.4	76.5	86~73
9.5	3.8	94.6	100.0	100.0	66.2	66.1	70~56
4.75	0.9	3.3	99.6	87.9	24.4	36.6	48~35

续表

集料	9.5~19 mm	4.75~9.5 mm	0~2.36 mm	1#RAP	2#RAP	合成级配	级配要求
筛孔/mm	配比/%						
	29	24	27	6	14	—	—
2.36	0.9	1.6	77.2	59.1	15.0	27.1	33~22
1.18	0.9	1.6	54.8	43.1	11.3	19.6	23~15
0.6	0.9	1.6	36.0	31.1	8.7	13.4	16~10
0.3	0.9	1.5	23.1	23.5	6.6	9.2	11~6
0.15	0.8	1.5	17.5	19.9	5.4	7.3	9~5
0.075	0.8	1.4	13.0	16.7	4.0	5.6	6~4

表 7.12　30%RAP 掺量下 AC-20C 型再生沥青混合料级配优化设计

集料	9.5~19 mm	4.75~9.5 mm	0~2.36 mm	1#RAP	2#RAP	合成级配	级配要求
筛孔/mm	配比/%						
	30	20	20	12	18	—	—
26.5	100.0	100.0	100.0	100.0	100.0	100.0	100
19.0	75.9	100.0	100.0	100.0	100.0	92.8	100~90
16	44.5	99.7	100.0	100.0	99.8	83.2	95~83
13.2	22.9	99.7	100.0	100.0	92.4	75.6	86~73
9.5	3.8	94.6	100.0	100.0	66.0	64.7	70~56
4.75	0.9	3.3	99.6	87.7	24.1	37.4	48~35
2.36	0.9	1.6	77.2	58.4	14.7	27.7	33~22
1.18	0.9	1.6	54.8	42.1	10.9	20.8	23~15
0.6	0.9	1.6	36.0	30.6	8.4	14.3	16~10
0.3	0.9	1.5	23.1	23.1	6.6	9.7	11~6
0.15	0.8	1.5	17.5	19.7	5.3	7.2	9~5
0.075	0.8	1.4	13.0	16.5	3.9	4.6	6~4

表 7.13　30%RAP 掺量下 AC-25C 型再生沥青混合料级配优化设计

集料	19~26.5 mm	9.5~19 mm	4.75~9.5 mm	0~2.36 mm	1#RAP	2#RAP	合成级配	级配要求
筛孔/mm	配比/%							
	15	22	17	16	8	22	—	—
31.5	100.0	100.0	100.0	100.00	100.0	100.0	100.0	100
26.5	66.0	100.0	100.0	100.0	100.0	100.0	94.9	100~90
19.0	3.2	93.1	100.0	100.0	100.0	100.0	80.2	90~75
16	0.5	70.6	100.0	100.0	100.0	99.8	72.8	83~65
13.2	0.2	52.3	100.0	100.0	100.0	92.4	66.3	76~57

集料	19~ 26.5 mm	9.5~ 19 mm	4.75~ 9.5 mm	0~ 2.36 mm	1#RAP	2#RAP	合成 级配	级配要求
筛孔/mm	配比/%							
	15	22	17	16	8	22	—	—
9.5	0.2	19.5	99.2	100.0	100.0	66.0	55.5	65~45
4.75	0.2	0.9	16.1	99.6	87.7	24.1	29.0	52~24
2.36	0.2	0.9	4.1	77.2	58.4	14.7	20.7	42~16
1.18	0.2	0.9	1.6	54.8	42.1	10.9	15.0	33~12
0.6	0.2	0.9	1.6	36.0	30.6	8.4	10.6	24~8
0.3	0.2	0.9	1.5	23.1	23.1	6.4	7.4	17~5
0.15	0.2	0.8	1.5	17.5	19.7	5.3	6.0	13~4
0.075	0.2	0.8	1.4	13.0	16.5	3.9	4.7	7~3

根据本试验所选 RAP 在热再生过程中的有效级配,对热再生沥青混合料的级配进行优化调整,再生沥青混合料的合成级配曲线如图 7.5~图 7.7 所示。

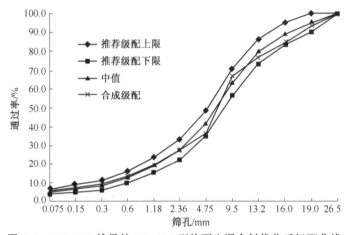

图 7.5　20%RAP 掺量的 AC-20C 型热再生混合料优化后级配曲线

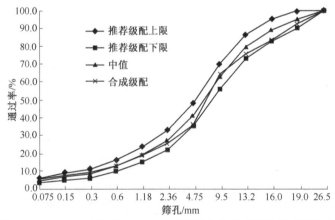

图 7.6　30%RAP 掺量的 AC-20C 型热再生混合料优化后级配曲线

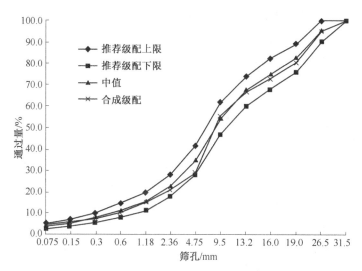

图 7.7　30%RAP 掺量的 AC-25C 型热再生混合料优化后级配曲线

7.3　级配优化后热再生沥青混合料的路用性能

路用性能是关系到再生沥青混合料能否作为良好筑路材料的直接决定性因素。大量研究数据显示，再生沥青路面若设计合理，其可实现的路用性能与普通沥青路面相当，甚至在某些性能方面（如抗车辙性能等）可以优于普通沥青混凝土路面。

▌7.3.1　确定最佳油石比

1. 配合比设计方法

进行厂拌热再生沥青混合料配合比设计时，和普通热拌沥青混合料最大区别在于，厂拌热再生沥青混合料生产过程中需要加入一定的 RAP，设计过程中要充分考虑 RAP 材料的特性，其余配合比设计的具体方法步骤与普通热拌沥青混合料基本相似。目前，国内外应用较多的厂拌热再生沥青混合料配合比设计方法主要有以下两种。

（1）马歇尔设计方法。国内沥青混合料的配合比设计多年来一直采用马歇尔设计方法，马歇尔设计方法是一种体积法。其优点是工程应用经验丰富，技术成熟，所需设备价格适中；但由于马歇尔试验的击实成型方法不能较好地模拟实际施工中的压实过程，并且其马歇尔稳定度指标也不能准确地评价沥青混合料的抗剪性能。

但尽管如此，由于我国多年来一直推广使用马歇尔设计方法，在试验方法、仪器设备及相应规范上都已经形成了一个相对较完整的体系，所以国内目前仍较多地使用马歇尔设计方法对厂拌热再生沥青混合料进行配合比设计。

（2）Superpave 设计方法。Superpave 设计方法采用旋转压实仪 SGC 成型试件，更符合路面实际施工中的压实状态。采用 Superpave 配合比设计方法对厂拌热再生沥青混合料进行配合比设计，与普通热拌沥青混合料基本相同。首先估算混合料的最佳沥青用量，并取最佳沥青用量左右各间隔0.5%，进行旋转压实成型试件，测定不同沥青用量时沥青混合料的体积参数，绘制出各体积参数和沥青用量之间的关系曲线，规定最佳沥青用量为4%的空隙率所对应的沥青用量，同时该最佳沥青用量对应的各项体积参数均需满足Superpave沥青混合料的规范要求。

因充分考虑到气候环境条件、交通量等对沥青混合料性能的影响，Superpave设计方法在美国各大州得到了广泛应用，国内也出现了大量关于利用Superpave设计方法对厂拌热再生沥青混合料进行配合比设计的研究，并且已应用于很多具体工程实践。

目前，国内外也出现了很多关于再生沥青混合料其他设计方法的研究，这是行业发展进步的必然趋势，也是我们今后研究的发展方向。本书在前人研究的基础上，采用Superpave设计方法对级配优化调整后的热再生沥青混合料进行配合比设计。

2. 最佳油石比确定

厂拌热再生沥青混合料试件的制取方法与普通热拌沥青混合料基本一致，只是在沥青用量的确定上，由于再生沥青混合料中的总沥青是由新沥青和RAP料中的旧沥青两部分组成的，因此根据预估油石比确定新沥青用量时，应将RAP料中的旧沥青扣除。

（1）确定最佳油石比。根据以上参数和已建类似工程，预估各RAP掺量下热再生沥青混合料的最佳油石比，分别以最佳油石比及其±0.4%制作旋转压实成型试件。集料加热温度170~175℃、混合料拌和温度160~165℃、成型温度150~155℃。旋转压实试模直径150mm，设定单位压力0.6MPa，旋转角1.25°。旋转压实次数采用$N_{初始}=8$次，$N_{设计}=100$次，试验汇总结果如图7.8~图7.10所示。

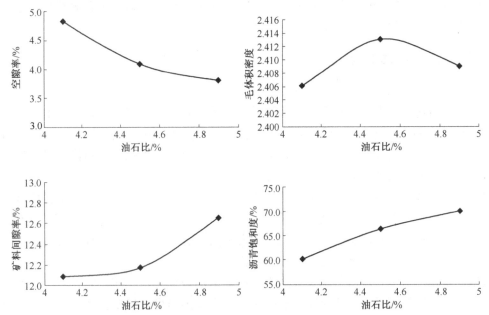

图7.8 20%RAP掺量下的AC-20C型沥青混合料各参数随油石比变化曲线图

在空隙率为4%时，三种热再生沥青混合料对应的油石比依次为20%RAP掺量AC-20C型4.59%、30%RAP掺量AC-20C型4.89%、30%RAP掺量AC-25C型4.38%，因此选取设计最佳油石比为4.6%、4.9%和4.4%。在设计最佳油石比条件下，再生沥青混合料的各项指

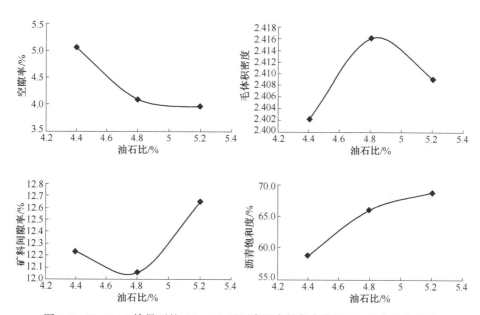

图 7.9　30%RAP 掺量下的 AC-20C 型沥青混合料各参数随油石比变化曲线图

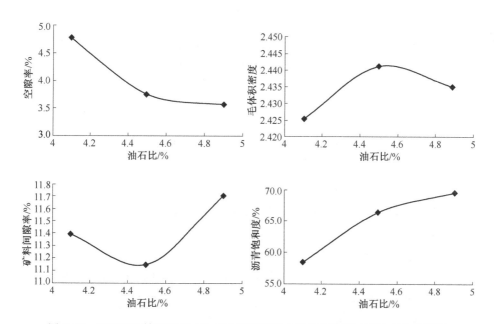

图 7.10　30%RAP 掺量下的 AC-25C 型沥青混合料各参数随油石比变化曲线图

标均能满足设计指标要求。

（2）再生沥青合成针入度验证。已知沥青路面回收料中的旧沥青针入度 P_{old} 为 30.5（0.1 mm），新沥青针入度 P_{new} 为 74（0.1 mm），新沥青占总沥青的比例 α，根据下式计算再生沥青混合料的合成沥青针入度：

$$\lg \lg P_{mix} = (1 - \alpha)\lg \lg P_{old} + \alpha \lg \lg P_{new}$$

经计算，三种配合比类型的热再生沥青混合料的合成沥青针入度均能满足设计规范要求。

7.3.2 高温稳定性

再生沥青混合料的高温稳定性是指再生沥青混合料在夏季高温条件下，抵抗车辆荷载长期反复作用所产生的永久变形，使沥青路面不产生车辙、壅包、波浪等病害的性能。沥青混合料的高温稳定性差，其在高温季节抵抗永久变形的能力就差，严重影响了道路的使用性能，影响了行车的安全性和舒适性。而且目前车辙问题已成为最严重的沥青路面病害之一。

矿料的级配性质对沥青混合料高温稳定性影响非常大，本书采用目前我国工程中最常用的车辙试验来评价分析级配优化后再生沥青混合料的高温稳定性。按设计规范要求，对上述设计级配及最佳油石比条件下的沥青混合料在温度 60 ℃，轮压 0.7 MPa 条件下进行车辙试验。试验结果见表 7.14。

表 7.14 再生沥青混合料车辙试验结果

混合料类型	油石比/%	动稳定度/(次·mm^{-1})		变异系数/%	
		试验平均值	规范值	检测结果	规范值
20%RAP 掺量 AC-20C	4.60	2 511		5.7	
30%RAP 掺量 AC-20C	4.90	3 639	≮1 000	11.2	≯20
30%RAP 掺量 AC-25C	4.40	3 241		9.3	

由表 7.14 中的动稳定度试验数据可以看出，经级配优化后，三种类型的热再生沥青混合料的动稳定度均大于 1 000 次/min，明显高于规范值，且检测结果变异性较小，说明该热再生沥青混合料具有良好的耐高温性能。

7.3.3 低温抗裂性

再生沥青混合料的低温抗裂性是指再生混凝土路面在低温环境下，抵抗低温开裂的能力。我国北方地区冬季气温低，沥青面层直接受低温影响，尤其是气温的骤降会在路面结构层上产生温度梯度，路面面层的低温收缩趋势由于受到下部的约束而不能实现，会在面层内部产生温度应力，这是沥青路面产生低温裂缝的主要原因。因此，在我国北方，提高再生沥青路面的低温抗裂性尤为重要。

根据《公路工程沥青及沥青混合料试验规范》（JTG E20—2011）要求，按照设计级配和最佳油石比拌和沥青混合料，并采用轮碾法成型试件，并切割成 250 mm×30 mm×35 mm 的小梁试件，在 MTS 上测定小梁的低温弯曲破坏应变，试验温度为−10 ℃±0.5 ℃，加载速率为 50 mm/min。具体试验结果见表 7.15。

表 7.15 再生沥青混合料的小梁低温弯曲试验结果

混合料类型	20%RAP 掺量 AC-20C	30%RAP 掺量 AC-20C	30%RAP 掺量 AC-25C
破坏应变（με）（×10^{-6}）	2 441	3 264	3 088
规范要求（×10^{-6}）	≮2 000		

从表 7.15 中的试验数据可以看出，经级配优化后，三种类型的热再生沥青混合料的低温弯曲破坏应变均大于规范值 2 000，说明该热再生沥青混合料的低温抗裂性能满足规范要求。

■7.3.4 水稳定性能

再生沥青混合料的水稳定性能，是指再生沥青混合料对受水侵蚀作用而引起的剥落、松散、坑槽等破坏的抵抗能力。水稳定性能是衡量沥青路面耐久性的重要指标，目前几乎所有道路均不能达到设计使用年限就会出现不同程度的病害，不得不采用大修或中修，直接影响了社会经济效益。因此对厂拌热再生技术的水稳定性能进行研究分析具有重要的现实意义。

本节采用了浸水马歇尔试验和冻融劈裂试验检验再生沥青混合料的马歇尔残留稳定度和冻融劈裂强度比，对级配优化前后的再生沥青混合料水稳定性进行评价。根据规范要求，按照设计级配及最佳油石比制作三组马歇尔试件，分别进行浸水马歇尔试验和冻融劈裂试验（成型温度同旋转压实试件，击实次数为双面各 75 次），对再生沥青混合料的水稳定性进行验证，试验结果见表 7.16~表 7.18。

表 7.16 20%RAP 掺量的 AC-20C 热再生沥青混合料水稳定性检测结果

级配类型	检测项目	检测结果	规范值	试验方法
未优化	残留稳定度/%	86.9	≮80	T0709
	残留强度比（TSR）/%	73.2	≮70	T0729
优化后	残留稳定度/%	97.5	≮80	T0709
	残留强度比（TSR）/%	84.7	≮70	T0729

表 7.17 30%RAP 掺量的 AC-20C 热再生沥青混合料水稳定性检测结果

级配类型	检测项目	检测结果	规范值	试验方法
未优化	残留稳定度/%	81.3	≮80	T0709
	残留强度比（TSR）/%	74.5	≮70	T0729
优化后	残留稳定度（%）	95.4	≮80	T0709
	残留强度比（TSR）/%	81.9	≮70	T0729

表 7.18 30%RAP 掺量的 AC-25C 热再生沥青混合料水稳定性检测结果

级配类型	检测项目	检测结果	规范值	试验方法
未优化	残留稳定度/%	80.2	≮80	T0709
	残留强度比（TSR）/%	77.6	≮70	T0729
优化后	残留稳定度/%	89.7	≮80	T0709
	残留强度比（TSR）/%	91.4	≮70	T0729

由表 7.16~表 7.18 中的试验数据可以看出，再生沥青混合料的马歇尔残留稳定度和冻融劈裂强度比均满足规范要求。且经级配优化后，再生沥青混合料的残留稳定度和 TSR 均得到显著提高，说明通过对再生沥青混合料进行级配优化，可以显著提高其水稳定性能。

综上所述，经过级配优化，4 种类型的热再生沥青混合料的路用性能均明显高于规范值，特别是水稳定性能较优化前有了显著提高。说明对再生沥青混合料进行级配优化，可以显著改善再生沥青混合料的路用性能，这主要是因为，对再生沥青混合料进行级配优化，可使其细集料分布更均匀，降低空隙率，增强了沥青与集料之间的黏结作用。

第 8 章

厂拌热再生沥青混合料的长期性能

8.1 厂拌热再生沥青路面足尺试验路方案设计

试验路分为两种不同的路面结构，基层水泥稳定碎石，厚度为 36 cm；下面层统一为 AC-20 热再生沥青混合料，厚度为 6 cm；上面层分别为 SMA-13 热再生沥青混合料、SMA-13 普通沥青混合料，厚度为 4 cm。为了进行有效对比试验，150 m 试验路中：30 m（K205+820—K205+850）为 SMA-13 常规沥青混合料，120 m（K205+700-K205+820）为 SMA-13 热再生沥青混合料，如图 8.1 所示。

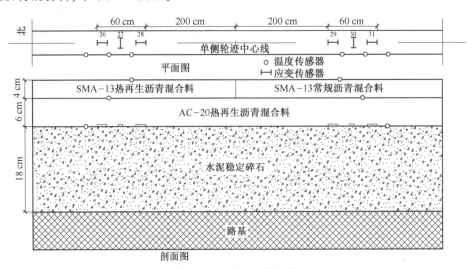

图 8.1　试验路面结构图

8.2　试验路各结构层材料组成设计

对上面层 SMA-13、下面层 AC-20 分别进行配合比设计及性能验证，配合比设计包括目标配合比、生产配合比以及拌和站调试。

配合比设计遇到的问题及解决方案如下。

（1）在级配设计过程中，发现 SMA-13 的合成级配在 RAP 掺量达到 25% 以上时难以满足设计要求，因此最终确定 SMA-13 的 RAP 掺量为 20%。

（2）由于 RAP 中旧沥青老化严重，必须使用再生剂使之恢复性能，根据沥青针入度调和公式，最终确定了再生剂的用量。

以 SMA-13、AC-20 的生产配合比设计为例，配合比设计流程如下。

8.2.1　SMA-13 生产配合比设计

1. 生产配合比矿料级配的确定

将冷料按照目标配合比经拌和楼烘干、筛分、除尘，取各个热料仓的集料进行筛分试验，根据各个热料仓的筛分结果，经计算、调整矿质混合料的级配接近目标配合比后，确定各个热料仓的重量比：1#RAP 料仓（粗料）占 9%，2#RAP 料仓（细料）占 11%，3#热料仓（10~15 mm）占 31.0%，2#热料仓（5~10 mm）占 32.0%，1#热料仓（0~3 mm）占 8.5%，矿粉占 8.5%，合成级配见表 8.1，合成级配曲线图如图 8.2 所示。

表 8.1　热料仓级配设计计算表

配合比	31%	32%	8.5%	8.5%	9%	11%	合成级配通过率 /%	工程设计级配		
筛孔 /mm	10~15	5~10	0~3	矿粉	RAP 粗	RAP 细	合成级配	上限	下限	中值
16	100	100	100	100	100	100	100	100	100	100.0
13.2	74.02	100	100	100	88.20	100	90.9	100	90	95.0
9.5	4.28	92.57	100	100	50.40	98.00	63.3	75	50	62.5
4.75	0.02	3.41	99.64	100	19.60	73.20	27.9	34	20	27.0
2.36	0.02	0.02	82.22	100	14.80	51.10	22.5	26	15	20.5
1.18	0.02	0.02	60.54	100	12.60	30.50	18.2	24	14	19.0
0.6	0.02	0.02	40.04	100	10.30	20.10	15.1	20	12	16.0
0.3	0.02	0.02	24.12	100	9.20	15.10	13.1	16	10	13.0
0.15	0.02	0.02	15.59	92.5	5.20	12.20	11.0	15	9	12.0
0.075	0.02	0.02	8.63	87.5	4.80	10.20	9.7	12	8	10.0

2. 测定各热料仓集料的相对密度

对各热料仓集料取样进行毛体积相对密度和表观相对密度试验，结果见表 8.2。

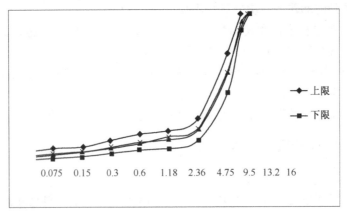

图 8.2　合成级配曲线图

表 8.2　热料仓矿料密度试验结果

规　格	3#热料仓	2#热料仓	1#热料仓	矿粉
表观相对密度	2.857	2.908	2.720	2.711
毛体积相对密度	2.800	2.848	2.636	2.711

3. 确定最佳油石比

取目标配合比设计阶段确定的最佳油石比 6.0%、6.0%±0.3% 三个油石比，按以上计算的矿质混合料以油石比 5.7%、6.0%、6.3% 各制一组试件，分别对各组试件进行马歇尔试验，测定试件的毛体积相对密度、马歇尔稳定度、流值，并计算空隙率、矿料间隙率、沥青饱和度等各项技术指标，根据试验结果，绘制密度—沥青用量图、空隙率—沥青用量图、稳定度—沥青用量图、饱和度—沥青用量图、流值—沥青用量图、矿料间隙率—沥青用量图和公共范围图，根据图表，确定有

$$a_1 = 6.29\%, \quad a_2 = 6.00\%, \quad OAC_{max} = 5.68\%, \quad OAC_{min} = 6.29\%$$

$$OAC_1 = (a_1 + a_2)/2 = (6.29\% + 6.00\%)/2 \approx 6.15\%$$

$$OAC_2 = (OAC_{max} + OAC_{min})/2 = (5.68\% + 6.29\%)/2 \approx 5.99\%$$

$$OAC = (OAC_1 + OAC_2)/2 = (6.10\% + 6.00\%)/2 \approx 6.05\%$$

根据上述试验结果和施工实践，结合各项条件相接近的工程最佳油石比及使用效果，认为本设计的油石比是适宜的。根据目标配合比设计结果，确定调整设计最佳沥青用量为 5.75%，设计最佳油石比为 6.10%。

4. 配合比设计检验

（1）水稳定性检验。按照上述设计级配及最佳油石比分别制作四组马歇尔试件，分别进行马歇尔试验、48 h 浸水马歇尔试验和冻融劈裂试验（试件击实次数为 50 次），对沥青混合料的水稳定性进行验证，得出残留稳定度为 91.8%，残留强度比为 85.5%，均满足规范要求。

（2）高温稳定性检验。对上述设计级配及最佳油石比的沥青混合料在温度 60 ℃，轮压 0.7 MPa 条件下进行车辙试验。试验结果见表 8.3，符合设计应不小于 3 000 次/mm 的规定要求。

表 8.3　车辙试验结果

层位	油石比/%	试验尺寸/cm	试验温度/℃	试验荷载/MPa	试验轮行走速度/次·min⁻¹	试件制作方法	动稳定度/次·mm⁻¹
上面层 SMA-13	6.10	30×30×5	60	0.7	42	碾压成型	>6 000

（3）低温弯曲试验。按规范要求，对上述设计级配及最佳沥青用量的再生沥青混合料进行低温弯曲试验，试件由轮碾成型后的车辙板切制的长 250 mm±2.0 mm、宽 30 mm±2.0 mm、高 35 mm±2.0 mm 的棱柱体小梁，其跨径为 200 mm±0.5 mm。对沥青混合料在温度-10 ℃、加载速率 50 mm/min 的条件下进行弯曲试验，测定破坏强度、破坏应变、破坏劲度模量，综合评价沥青混合料的低温抗裂性能。其低温弯曲试验结果见表 8.4。

表 8.4　低温弯曲试验结果

指标　　　序号	试件破坏时的抗弯拉强度 R_B /MPa	试件破坏时的最大弯拉应变 ε_B（×10⁻⁶）	试件破坏时的弯曲劲度模量 S_B /MPa
1	8.38	3 371	2 485
2	8.86	3 898	2 274
3	12.88	4 387	2 936
4	8.67	4 222	2 054
5	10.02	4 064	2 464
6	10.98	5 232	2 099
7	10.68	5 218	2 048
8	9.84	4 806	2 048
均值	10.04	4 399.7	2 301
技术要求	—	≥2 500	—

5. 结论

综合上述试验结果，确定上面层 SMA-13 再生改性沥青混合料生产配合比最佳沥青用量为 5.75%，最佳油石比为 6.10%，拌和楼拌和时油石比控制精度为最佳油石比的±0.1%，即 6.00% ~ 6.20%；各档热料仓的比例为

1#RAP 料仓（粗料）：9%　　　　　2#RAP 料仓（细料）：11%

3#热料仓（10~15 mm）：31.0%　　2#热料仓（5~10 mm）：32.0%

1#热料仓（0~3 mm）：8.5%　　　　矿粉：8.5%

纤维：混合料的 0.3%

再生剂：旧沥青质量的 5%　　　　　计算公式：RAP 质量×6.0%×5%

8.2.2　AC-20 生产配合比设计

1. 生产配合比矿料级配的确定

取各个热料仓的集料进行筛分试验，根据各个热料仓的筛分结果，经计算、调整矿质混

合料的级配接近目标配合比后，确定各个热料仓的重量比为4#热料仓（19~32 mm）占18%，3#热料仓（11~19 mm）占21%，2#热料仓（6~11 mm）占8%，1#热料仓（0~3 mm）占10%，1#RAP料仓占40%，矿粉占3%，再生剂为旧沥青的5%，合成级配见表8.5，合成级配曲线图如图8.3所示。

表8.5　热料仓级配设计计算表

配合比	40%	18%	21%	8%	10%	3%	合成级配 通过率 /%	工程设计级配		
筛孔 /mm	RAP	19~32	11~19	6~11	0~3	矿粉	合成级配	上限	下限	中值
26.5	100	100	100	100	100	100	100	100	100	100
19	100	41.7	100	100	100	100	89.5	100	90	95
16	100	4.1	82.2	100	100	100	79.0	87	74	80.5
13.2	100	0.7	40.7	100	100	100	69.7	76	62	69
9.5	93.0	0.0	2.1	94.2	100	100	58.2	65	45	55
4.75	66.0	0.0	0.5	6.9	100	100	40.0	45	26	35.5
2.36	44.9	0.0	0.4	0.1	86.8	100	29.7	38	20	29
1.18	25.2	0.0	0.4	0.1	62.5	100	19.4	33	12	22.5
0.6	17.2	0.0	0.4	0.1	41.3	100	14.1	24	8	16.0
0.3	13.5	0.0	0.4	0.1	26.3	100	11.1	17	5	11
0.15	9.8	0.0	0.4	0.1	15.5	92.5	8.3	13	4	8.5
0.075	7.2	0.0	0.4	0.1	7.4	87.5	6.3	7	3	5

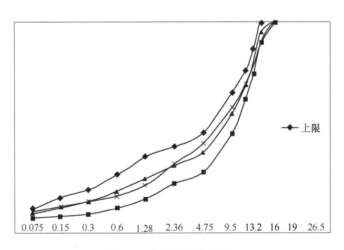

图8.3　合成级配曲线图

2. 测定各热料仓集料的相对密度

对各热料仓集料取样进行毛体积相对密度和表观相对密度试验，结果见表8.6。

表 8.6　热料仓矿料密度试验结果

规　格	4#热料仓	3#热料仓	2#热料仓	1#热料仓	矿粉
表观相对密度	2.721	2.741	2.746	2.718	2.711
毛体积相对密度	2.686	2.687	2.691	2.651	2.711

3. 确定最佳油石比

取目标配合比设计阶段确定的最佳油石比 4.7%、4.7%±0.3% 三个油石比，按以上计算的矿质混合料以油石比 4.4%、4.7%、5.0% 各制一组试件，分别对各组试件进行马歇尔试验，测定试件的毛体积相对密度、马歇尔稳定度、流值，并计算空隙率、矿料间隙率、沥青饱和度等各项技术指标，根据试验结果，绘制密度—沥青用量图、空隙率—沥青用量图、稳定度—沥青用量图、饱和度—沥青用量图、流值—沥青用量图、矿料间隙率—沥青用量图和公共范围图，根据图表，确定有

$$a_1 = 4.68\%, \quad a_2 = 4.53\%, \quad a_3 = 4.45\%, \quad OAC_{max} = 4.36\%, \quad OAC_{min} = 4.54\%$$

$$OAC_1 = (a_1 + a_2 + a_3)/3 = (4.68\% + 4.53\% + 4.45\%)/3 \approx 4.55\%$$

$$OAC_2 = (OAC_{max} + OAC_{min})/2 = (4.36\% + 4.54\%)/2 = 4.45\%$$

$$OAC = (OAC_1 + OAC_2)/2 = (4.55\% + 4.45\%)/2 = 4.50\%$$

根据上述试验结果和施工实践，结合各项条件相接近的工程最佳油石比及使用效果，认为本设计的油石比是适宜的。根据目标配合比设计结果，确定调整设计最佳沥青用量为 4.31%、设计最佳油石比为 4.50%。

4. 配合比设计检验

（1）水稳定性检验。根据规范要求，按照上述设计级配及最佳油石比分别制作四组马歇尔试件，分别进行马歇尔试验、48 h 浸水马歇尔试验和冻融劈裂试验（试件击实次数为 50 次），对沥青混合料的水稳定性进行验证，残留稳定度和残留强度比试验结果分别为 83.7% 与 98.9%，均满足规范要求。

（2）高温稳定性检验。按规范要求，对上述设计级配及最佳油石比的沥青混合料在温度 60 ℃，轮压 0.7 MPa 条件下进行车辙试验。试验结果见表 8.7，符合设计应不小于 1 000 次/mm 的规定要求。

表 8.7　车辙试验结果

层位	油石比/%	试验尺寸/cm	试验温度/℃	试验荷载/MPa	试验轮行走速度/（次·min⁻¹）	试件制作方法	动稳定度/（次·mm⁻¹）
下面层 AC-20	4.50	30×30×5	60	0.7	42	碾压成型	2896

（3）低温弯曲试验。按规范要求，对上述设计级配及最佳沥青用量的再生沥青混合料进行低温弯曲试验，试件是由轮碾成型后的车辙板切制的长 250 mm±2.0 mm、宽 30 mm±2.0 mm、高 35 mm±2.0 mm 的棱柱体小梁，其跨径为 200 mm±0.5 mm。对试件在温度 −10 ℃、加载速率 50 mm/min 的条件下进行弯曲试验，测定破坏强度、破坏应变、破坏劲度模量，综合评价沥青混合料的低温抗裂性能。其低温弯曲试验结果见表 8.8。

表 8.8　低温弯曲试验结果

指　标	试件破坏时的抗弯拉强度 R_B /MPa	试件破坏时的最大弯拉应变 ε_B（×10^{-6}）	试件破坏时的弯曲劲度模量 S_B /MPa
1	11.28	3 207	3 517
2	9.70	3 683	2 635
3	9.32	3 923	2 376
4	10.11	3 502	2 886
5	11.16	4 748	2 350
6	10.77	3 417	3 152
7	9.24	3 293	2 804
8	11.30	2 923	3 869
均值	10.36	3 587	2 949
技术要求	—	≥2 500	—

5. 结论

综合上述试验结果，确定 AC-20 再生沥青混合料生产配合比最佳沥青用量为 4.31%，最佳油石比为 4.50%，拌和楼拌和时油石比控制精度为最佳油石比的 ±0.1%，即 4.40% ~ 4.60%；各档热料仓的比例为

4#热料仓（19~32 mm）：18%　　3#热料仓（11~19 mm）：21%

2#热料仓（6~11 mm）：8%　　1#热料仓（0~3 mm）：10%

1#RAP 料仓：40%　　矿粉：3%

再生剂：旧沥青质量的 5%　　计算公式：RAP 质量×3.7%×5%

8.3　传感器、监测仪器的布设

8.3.1　应变传感器的选择

国内外对路面结构进行监测所使用的应变传感器，按其工作原理大致可分为两类：电阻式应变传感器和光纤光栅式应变传感器。

1. 电阻式应变传感器

电阻式应变传感器有金属丝应变片式和半导体应变片式两种类型，其基本原理是利用金属材料的电阻定律。当应变片的结构尺寸发生变化时则其电阻也会发生相应的变化，电阻应变式传感器在实际应用中可等效成一个电桥电路，如图 8.4 所示。

应变片监测技术是各类工程结构中最常用的一种无损检测方法，它需要将应变片粘贴在待测构件上，具体有以下优点：①经济性好；②测量灵敏度高；③测量应变量程大；④测量中输出为电信号，并且应用范围较广。

2. 光纤光栅式应变传感器

光纤光栅也是监测结构的元件之一，但是裸光纤光栅特别纤细脆弱，抗剪能力很差，埋

设后的成活率较低。

经对比发现电阻应变计与所测材料有较好的协同变形性，并且测得数据准确、存活率较高。因此选择"工"字形电阻式应变计埋设在试验路段，"工"字形传感器（图 8.5）的两端各有一个铝杆，用来固定中间轴向杆，让其可以在荷载作用下与沥青混合料同时变形。为了使应变计与沥青混合料协同变形，应变计的中间轴向杆选取了与混合料模量相当，且具有耐高温、耐潮湿等性能的材料。

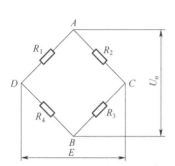

图 8.4 电阻应变式传感器等效电桥电路图

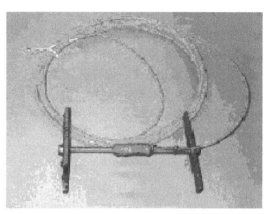

图 8.5 "工"字形电阻式应变计

8.3.2 应变传感器的埋设

加速加载设备的有效加载长度（10 m），路面结构、加载位置及传感器埋设位置如图 8.6所示。

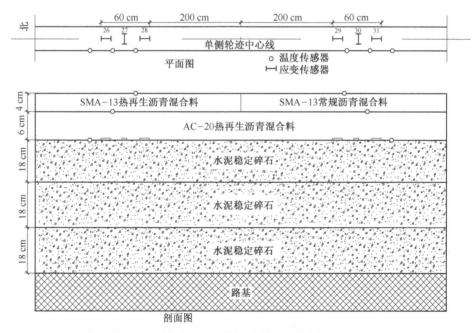

图 8.6 路面结构及传感器位置图

本研究埋设的传感器为电阻式应变传感器，利用此传感器对足尺试验路进行应变响应的监测，在试验路面上埋设传感器的方式有两种：预埋式和开挖填补式，并对两种埋设方式采集的应变数据进行分析比较。对沥青路面结构进行现场检测，分析路面结构内部应变、车辙、动态弯沉等随荷载作用次数的变化规律。

1. 预埋式

（1）用万用表检查各个应变计是否工作，即电阻约为 352 Ω，然后将连接应变计的数据线穿入耐高温的隔热管中。

（2）沥青混凝土面层施工前需要在设置桩号的埋设点 1 m² 的正方形范围内路面用水平尺找平并用毛刷清理浮土，在需要放置隔热管的位置预先凿出一个凹形槽。

（3）在桩号处钉入一根钢钉，在钢钉上缠绕一根足够长的细铁丝，将细铁丝的另一端放到坑槽边，以方便在路面铺筑好后确定应变计的埋设位置。将应变计沿道路纵断面方向放置在埋设位置如图 8.7 所示。

图 8.7　传感器现场布置图

（4）铺筑前在应变计和隔热管上覆盖一层薄的冷料以保护应变计和数据线。根据施工要求规范用压路机将路面压实，为防止碾压时损坏应变计，在埋设 2 m² 范围内需要静压，不可以震动压实。

（5）铺筑完后利用万能表检查埋设好的应变计是否完好，并用塑料袋将数据线的线头保护好。

现场共埋设 6 支传感器，埋设图片如图 8.8 所示。

2. 开挖填补式

（1）对于开挖填补式的埋设采取两种开挖方案：芯孔叠加开挖和矩形开挖。埋设步骤如下：芯孔叠加开挖，在其中一条轮迹带的中心处用取芯机钻孔，由于传感器的长度为 16 cm 左右，所以采取重叠钻孔的方案（图 8.9），重叠部分为 3 cm，深度约为 6 cm。在芯孔的边缘处利用切缝机切缝长度约为 20 cm；跨越两条轮迹带开挖矩形槽（图 8.10），为了防止应变计受周边约束不能够很好地产生变形，因此沿轮迹带方向开挖的长度为 40 cm，在横断面方向上为了使轮迹带能够被开挖的矩形槽包含进去，开挖宽度为 70 cm，深度约为 6 cm。

图 8.8　应变计位置及布线

图 8.9　重叠取芯

图 8.10　矩形槽

（2）处理芯孔及矩形槽。利用凿子将钻孔直径局部扩充，并将芯孔周围凿毛。将槽内的灰尘用吹风机处理干净。将蘸有酒精的棉布放入芯孔及矩形槽内点燃，预热芯孔及矩形槽。

（3）安放应变计（图 8.11）。由于取芯深度超过了 4 cm，因此，用水泥稳定碎石基层回填至深度为 4 cm 处。安放应变计前，利用万能表测试应变仪的电阻为 352 Ω 左右，应变计能正常工作，在其表面均匀涂刷一层热沥青，为防止在矩形槽内碾压时应变计侧滑，在槽底刻一个工字槽并将其安放在开挖路面内。

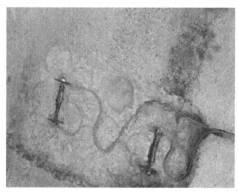

图 8.11　应变计的放置

（4）混合料回填压实。分两层回填热料，在回填过程中注意温度的控制及混合料内测线的保护，将开挖的矩形路面填好后用压路机压实（图8.12），芯孔叠加的孔洞利用锤子夯实。为防止测线被压坏，压路机采取静压方式，在压路机通过时测量应变计是否能正常工作。

图 8.12　压实路面

（5）测线引头的保护。每个断面的传感器跳线头引至路肩处，将应变计的测线放置在切缝内，灌入热沥青封层，将未置于面层内的跳线头绑扎好置于安全范围内，如图8.13所示。

图 8.13　现场轴载标定

8.3.3　温度传感器

试验路受外界环境的影响，而且试验时间跨度较大，温度变化较大，为了能够真实地记录沥青路面结构的温度场的变化规律，在ALT试验路面层底部埋设3个温度传感器。比较常用的是埋置式的热电偶温度传感器［图8.14（a）］，它的测量范围较大，精度较高可达0.002 ℃。P_1、P_2温度传感器通过预埋式埋设，P_3为开挖式埋置，3个温度传感器所测得的数据相差在0.1 ℃范围内，将3个数据的平均值作为最终数据。为了方便读取数据，将插排与显示器改造成如图8.14（b）所示的即插即读显示器，温度的采集为每小时记录一次数据，如图8.15所示。

8.3.4　数据采集系统的选取

利用美国Dataq公司生产的DI-510-32型数据采集系统（图8.16），可从系统中抽取样

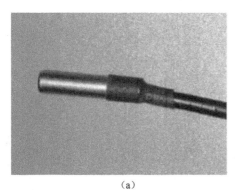
（a）

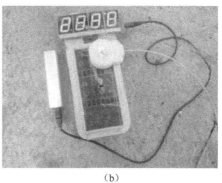
（b）

图 8.14　光纤温度传感器

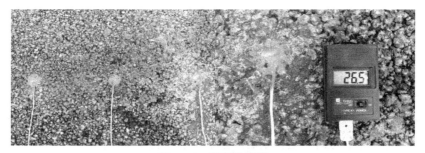

图 8.15　温度传感器

本动态数据。该数据采集系统的重要特征之一是采集软件的菜单完全是点选式程序设计，这是研究人员能够自己设置系统、快速使用，无须咨询专家就可以根据需要修改程序。已采用 Visual C++和 Matlab 数学软件开发平台，通过 SPL 语言，对高频数据动态响应 DSP 模块进行二次开发，开发了针对路面响应传感器数据分析插件。图 8.17 和图 8.18 所示分别为传感器现场接线调试与室内检测。

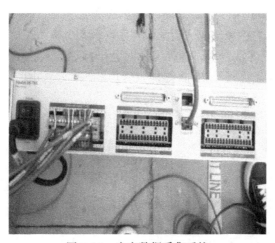

图 8.16　应变数据采集系统

图 8.17　传感器现场接线调试

图 8.18　传感器室内检测

8.4　现场试验段施工

热再生沥青混合料施工工艺与普通沥青混合料基本相同，不同点主要包括以下几个方面。

（1）再生剂添加。为保证再生剂与 RAP 在加热状态下充分拌和，再生剂的添加时机非常重要，综合各方面因素，最终确定再生剂的添加工艺：再生剂的添加时机为新集料、RAP 进入拌缸干拌 15 s 后添加；再生剂的添加方式为人工称量、添加（后期规模施工时考虑通过流量计计量、泵送方式添加）。

（2）副筒加热。为保证热再生沥青混合料的生产温度，当 RAP 掺量达到 30% 以上时，副筒 RAP 加热温度应提高至 110~130 ℃，但为避免老化，加热温度不得超过 130 ℃。因此，生产 AC-20 热再生沥青混合料（RAP 掺量为 40%）时，副筒加热温度控制为 130 ℃，生产 SMA-13 热再生沥青混合料（RAP 掺量为 20%）时，副筒加热温度控制在 125 ℃。

（3）拌和工艺。为保证热再生沥青混合料在拌和过程中，旧沥青、旧矿料能够与新沥青、再生剂以及新矿料均匀拌和，应适当延长拌和时间。

生产 AC-20 热再生沥青混合料时，拌和时间为干拌 20 s+湿拌 35 s，生产 SMA-13 热再生沥青混合料时，拌和时间为干拌 25 s+湿拌 40 s。

试验段现场摊铺施工照片如图 8.19 所示。

图 8.19　试验段现场摊铺施工照片

8.5　现场检测方案

基于加速加载试验的热再生沥青混合料疲劳性能研究，现场试验路路面结构监测主要包括温度、摩擦系数、车辙、面层层底拉压应变、路面动态弯沉、裂缝等主要监测指标。试验轴载 150 kN，主从动双轴加载，运行速度 24.6 km/h，每个指标的检测方案如下。

8.5.1　路面温度监测方案

为了对加速加载现场温度场进行连续自动检测，增设温度场自动采集系统，沿路面深度方向分别采集空气、路表、上面层 1/2 厚度、下面层 1/2 厚度、水稳基层 1/2 厚度处的温度场数据，采集系统参数如下。

选用美国 Dallas 公司生产的一线式数字温度传感器 DS18B20 芯片，温度测量范围为 -55 ℃~+125 ℃，分辨率可达 0.062 5 ℃，精度 0.5 ℃。采集设备如图 8.20 所示，根据现场检测经验，采集间隔设为 30 min。

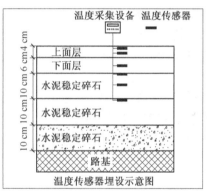

图 8.20　路面温度场自动采集系统

8.5.2　抗滑性能的监测方案

本次加速加载试验路每 5 000 次采用摆式摩擦仪采集 1 次数据，即 BPN（表征路面抗滑能力的状况）。摩擦系数采用定点检测，测试时两轮迹带分别设置 4 个检测点（共 8 个测点）。固定监测点如图 8.21 所示，摆式摩擦仪如图 8.22 所示。

图 8.21　固定监测点

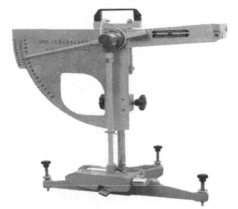
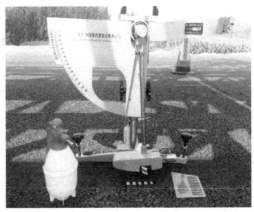

图 8.22 摆式摩擦仪

■8.5.3 路面动态弯沉监测方案

本次加速加载试验路使用落锤式弯沉仪和贝克曼梁进行弯沉试验（图 8.23 和图 8.24），弯沉检测采用定点测量，试验路置 8 个点进行检测。检测点之间的距离为 1 m，每 10 万次使用 FWD 采集一次数据，并获得弯沉盆，通过动态荷载和黏弹性力学反演路面结构层模量，研究路面各层结构在加速加载作用下模量和承载力的衰减规律，为路面结构损伤分析和重载作用下路面结构设计提供依据，同时验证现有路面结构疲劳损伤模型，为模型修正提供依据。由于轮迹带处车辙深度>5 mm，采用 FWD 无法直接检测轮迹隙处的弯沉盆，所以每 1 万次使用贝克曼梁采集一次数据，获得轮迹中心弯沉变化，对比路表弯沉随加载次数的变化趋势分析路面结构损伤状态，如图 8.25 所示。采用 FWD 进行检测时，每个测定点采用标准荷载 50 kN，每个检测点重复三次试验。

图 8.23 FWD　　　　　　　　　　　　　图 8.24 贝克曼梁

■8.5.4 加速加载轮迹带路面结构层弹性模量监测方案

由于轮迹带处车辙深度>5 mm，采用 FWD 无法直接检测轮迹带处的弯沉盆并进行反算，

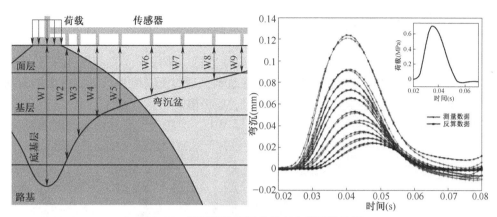

图 8.25　路面结构弯沉盆动态力学反演分析

因此采用便携式地震波分析仪 PSPA (portable seismic properties analyzer)，如图 8.26 所示，根据现场加载情况，每加载 5 万次后或者 7 d 后对轮迹带进行地震波检测分析，并反算路面结构层弹性模量以分析路面结构损伤状态。

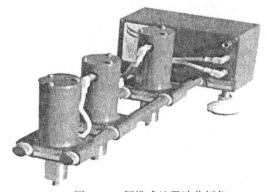

图 8.26　便携式地震波分析仪

8.5.5　车辙监测方案

本次加速加载试验路每 5 000 次采集一次车辙数据，根据以往经验，在高温环境和重载下，车辙出现得比较明显，应重点观测，并作为路面疲劳破坏的主要控制指标图 8.27 所示为监测用的 3 m 直尺。

图 8.27　3 m 直尺

8.5.6 沥青层底拉压应变的监测方案

本次加速加载试验路每 5 000 次采集一次应变数据，采用日本高频数据采集系统（图 8.28）实时采集路面结构响应下传感器输出电压数据，通过配套软件处理将输出电压信号转为应变响应，最后通过数据软件获取应变最大值、最小值。

（根据前期试验观察，沿海城市全天温度差异较大，层底应变受路面底层温度影响较大。所以 1 h 采集一次应变数据，对比研究相同温度条件下加载次数应变值动态变化）。

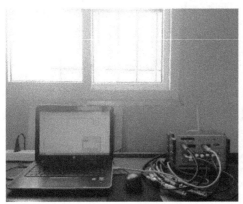

图 8.28　直流电高精度数据采集仪

8.5.7 裂缝观测

每天 10 000 次观测一次路面裂缝开展情况，根据之前的经验，在高温季节，路面裂缝出现的可能性较小。

8.6 试验路数据分析

8.6.1 沥青路面温度变化规律研究

根据试验数据整理，路面加载次数和温度之间的关系曲线如图 8.28 所示。

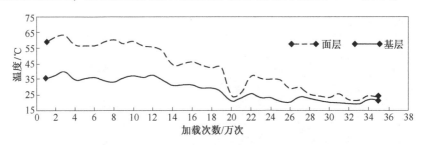

图 8.29　路面加载次数和温度之间的关系曲线

由于试验加载时间跨度较大，加载过程中温度变化范围较大，将以上数据分成两个阶段，第一个阶段沥青路面平均温度为 58.5 ℃，沥青路面底层平均温度为 36 ℃，总计加载次数为 12 万次；第二个阶段沥青路面平均温度为 37 ℃，沥青路面底层平均温度为 26 ℃，总加载次数为 18 万次。温度梯度阶段表见表 8.9。

表 8.9　温度梯度阶段表

路面加载次数	0~12 万	12~30 万
路面表面平均温度	58.5 ℃	36 ℃
路面底层平均温度	37 ℃	26 ℃

8.6.2　沥青路面抗滑性能变化规律研究

通过对不同碾压次数下的摩擦系数进行统计分析得到 SMA 热再生路面与 SMA 常规路面双轴轴载作用下沥青路面摩擦系数变化规律，如图 8.30 所示。

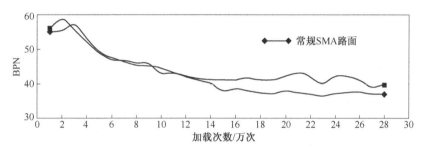

图 8.30　路面摩擦系数变化规律

从图中可知，对于 SMA 常规路面加载，前期摆值降低较快，当加载次数达到 10 万次左右时摆值基本达到 44 左右，之后降低缓慢。对于 SMA 热再生路面加载，前期同样降低较快，后期大约达到 14 万次时，摆值降低到 38，之后降低缓慢。最终 SMA 常规路面的摆值要大于 SMA 热再生路面摆值（相同外界环境下）。

8.6.3　沥青路面车辙变形规律研究

通过对不同碾压次数下的半刚性基层路面车辙发展进行整理分析，变化规律如图 8.31 所示。

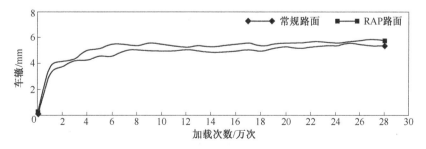

图 8.31　路面车辙变化规律

从图中可以看出，两种路面结构前期车辙发展迅速，后期达到8万次车辙发展缓慢，8万～12万次属于高温阶段，车辙发展依然缓慢，路面结构在8万次后密实。试验最终SMA热再生路面车辙为5.6 mm，SMA常规路面车辙为5.3 mm。从试验数据分析可知，试验段沥青面层（包括热再生与普通沥青面层）未发生失稳型车辙，车辙变形估计是由二次压密造成的。

■ 8.6.4 沥青路面（层底）应变规律研究

沥青路面（层底）应变规律如下。

（1）通过应变数据采集仪采集到加载时的应变曲线如图8.32和图8.33所示（2、5分别代表SMA-常规路面与SMA-再生路面的横向传感器，3、6分别代表SMA-常规路面与SMA-再生路面的纵向传感器）。

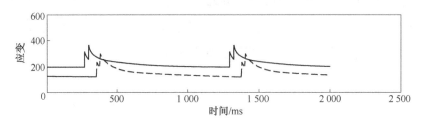

图 8.32 横向传感器（2、5）层底应变曲线

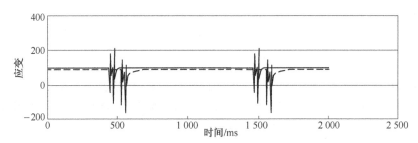

图 8.33 纵向传感器（3、6）层底应变曲线

根据2、3、5、6传感器分析双轴双轮加载时，前后轮碾压过时分别出现了一个峰值，但后轮碾压过去时，峰值更大一些，双轴对路面的破坏效应要大于两次单轴的破坏。

（2）通过对不同碾压次数过程中的应变进行实时监测，分析得到层底应变和加载次数之间的关系，如图8.34～图8.36所示。

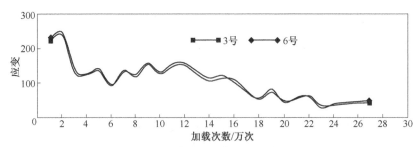

图 8.34 传感器（3、6）层底应变和加载次数关系

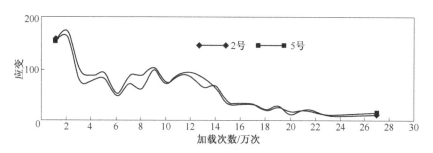

图 8.35 传感器（2、5）层底应变和加载次数关系

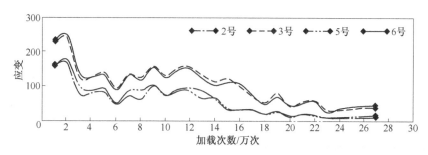

图 8.36 （2、3、5、6）层底应变和加载次数关系

从以图 8.34~图 8.36 中可以看出 SMA-13 热再生路面和 SMA-13 常规路面层底应变基本吻合；12 万次以后层底应变急剧变小，是因为 12 万~30 万次已经属于低温阶段，本阶段试验温度对于层底应变的影响要大于加载次数对于层底应变的影响。

8.6.5 试验结论

试验结论有以下两点。

（1）经现场加速加载试验 35 万次加载结果，试验最终 SMA 热再生路面车辙为 5.6 mm，SMA 常规路面车辙为 5.3 mm。

（2）经现场加速加载试验表明，两种再生路面疲劳性能差异性不大。所采用的材料配比、施工工艺满足工程要求。

■ 第9章 ■

厂拌热再生沥青工程应用实例

9.1 工程实例一

■ 9.1.1 工程概况

222 省道地处山东半岛西侧，路线主要呈正南北走向，主要位于潍坊、日照等市境内，跨越潍河、渠河等河流，全长 252.2 km。该省道连接 G309 国道、G22 和 G15 高速公路、S309/S320/S325 省道等国省干线，具有突出的路网地位，贯通潍坊市南北地区，是日照、潍坊地区公路交通的中轴线，是胶东半岛地区南北交通的重要公路。

2017 年在 222 省道改扩建工程中，路面面层结构为 6 cmAC-20+4 cmSMA-13，根据"基于加速加载试验的热再生沥青混合料疲劳性能研究"的课题成果对热再生沥青混合料的材料组成设计进行了优化。一方面显著提高了热再生沥青路面的使用性能和使用寿命；另一方面能够有效利用废旧沥青路面材料，从而达到节约资源和保护生态环境的目的，具有显著的经济效益、社会效益和环境效益。

对热再生沥青路面材料组成的优化设计，应包含以下三部分内容。

(1) 优化 RAP 中旧沥青回收试验方法，通过提高相对离心力和改进旋转蒸发器法排除残留矿粉与残留三氯乙烯的影响，并对优化方法进行了试验验证，得到了较为精确的结果。

(2) 优化测定热再生沥青混合料最大理论密度的试验方法，采用沥青浸渍法来测定再生沥青混合料的最大理论相对密度，误差在允许范围内。

(3) 优化热再生沥青混合料级配，通过对热再生过程中旧矿料的迁移规律进行研究，提出了热再生沥青混合料的合成级配优化方法。

■ 9.1.2 原材料试验

1. 旧沥青含量及性能评价

根据第 2 章研究结果，按照以下步骤对本次配合比优化设计所用 RAP 料进行旧沥青含量和性能的评价：①采用全自动高速离心抽提仪（德国生产，如图 7.1 所示）对 RAP 进行抽提，分离沥青与矿料；②采用离心法分离残留矿粉，确定 RAP 的沥青含量；③利用旋转蒸发器（图 7.2）回收抽提液中的沥青并检测其相关技术指标，见表 9.1。

表9.1 RAP中回收沥青技术指标

项 目	单位	试验结果	
		RAP₁	RAP₂
针入度（25 ℃，5s，100 g）	0.1 mm	20.9	20.9
延度（10 ℃）	cm	9.5	9.5
软化点（环球法）	℃	64.9	64.9
RAP中沥青含量	%	6.0	6.0

由表9.1中的试验数据可以看出，原路面中的旧沥青发生了一定程度的老化，表现为针入度、延度指标降低，软化点指标升高。分析原因：路面经过多年使用之后，在自然因素及交通荷载的长期综合作用下，路面病害逐年严重，沥青逐渐发生一些物化反应后挥发和剥落，造成沥青老化。根据沥青针入度调和公式，最终确定了再生剂的用量为5%，可使之满足标号要求。

2. RAP中旧矿料的检测结果

对上一过程抽提后剩余的旧矿料进行筛分试验及相关物理性能检测，对RAP中回收的集料进行多次筛分试验后取其平均值作为RAP的级配，试验结果见表9.2。

表9.2 旧集料通过率

筛孔/mm	16	13.2	9.5	4.75	2.36	1.18	0.6	0.3	0.15	0.075
RAP₁	100	88.2	50.4	19.6	14.8	18	14.7	13.2	7.4	6.9
RAP₂	100	100	98	73.2	51.1	43.6	28.7	21.6	17.4	14.6

利用沥青浸渍法测定RAP的最大理论相对密度，按照式（5.9）和式（5.10）反算RAP矿料混合料的表观相对密度和毛体积相对密度，见表9.3。

表9.3 RAP中矿料混合料的密度

规 格	表观相对密度	毛体积相对密度
RAP₁ 矿料混合料	2.69	2.60
RAP₂ 矿料混合料	2.71	2.62

本次配合比设计粗集料分别为10~15 mm和5~10 mm玄武岩碎石；细集料采用0~3 mm的石灰岩机制砂；沥青采用SBS改性沥青，各项技术指标均满足要求，对各热料仓集料取样进行毛体积相对密度和表观相对密度试验，结果见表9.4~表9.5。

表9.4 SBS沥青技术指标

检验项目	检测结果	技术要求
针入度（25 ℃，100 g，5 s）（0.1 mm）	56.3	40~60
延度（5 cm/min，5 ℃）/cm	45.9	≥30
软化点（环球法）/℃	73.6	≥65
相对密度（25 ℃）	1.026	—
弹性恢复25℃（%）	89.0	≥80

表 9.5   矿料密度试验结果

规　格	表观相对密度	毛体积相对密度
10~15 mm	2.857	2.800
5~10 mm	2.908	2.848
0~3 mm	2.720	2.636
矿粉	2.650	—

9.1.3   基于矿料迁移规律的级配优化设计

根据前文，将 RAP 中粒径<1.18 mm 的矿料有效级配可在筛分得到的通过率基础上乘以系数 0.7，粒径≥1.18 mm 的矿料取值为 1。在级配设计过程中，发现 SMA-13 的合成级配在 RAP 掺量为 25% 及以上时难以满足设计要求，因此最终确定 SMA-13 的 RAP 掺量为 20%。计算该 RAP 料在热再生过程中发生迁移的有效细集料含量，确定其在再生沥青混合料级配组成中的有效级配，重新进行配合比设计，结果如表 9.6 和图 9.1 所示。

表 9.6   优化后 SMA-13 型合成级配

集料	10~15 mm	5~10 mm	0~3 mm	矿粉	RAP_1	RAP_1	合成级配	级配要求
筛孔/mm	配比/%						通过率 /%	
	31	32	8.5	8.5	9	11		
16	100	100	100	100	100	100	100	100.0
13.2	74.02	100	100	100	88.20	100	90.9	90~100
9.5	4.28	92.57	100	100	50.40	98.00	63.3	50~75
4.75	0.02	3.41	99.64	100	19.60	73.20	27.9	20~34
2.36	0.02	0.02	82.22	100	14.80	51.10	22.5	15~26
1.18	0.02	0.02	60.54	100	12.60	30.50	18.2	14~24
0.6	0.02	0.02	40.04	100	10.30	20.10	15.1	12~20
0.3	0.02	0.02	24.12	100	9.20	15.10	13.1	10~16
0.15	0.02	0.02	15.59	92.5	5.20	12.20	11.0	9~15
0.075	0.02	0.02	8.63	87.5	4.80	10.20	9.7	8~12

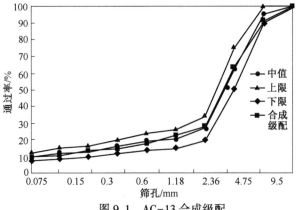

图 9.1   AC-13 合成级配

　　按以上计算的矿质混合料以油石比 5.7%、6.0%、6.3% 各制一组试件，分别对各组试件进行马歇尔试验，测定试件的毛体积相对密度、马歇尔稳定度、流值，并采用沥青浸渍法测定热再生沥青混合料的最大理论相对密度，计算空隙率、矿料间隙率、沥青饱和度等各项技术指标，根据试验结果，确定设计最佳沥青用量为 5.75%、设计最佳油石比为 6.10%。

9.1.4　路用性能检验

　　热再生沥青路面材料组成优化设计的目的在于提高再生沥青路面的路用性能，随着重载交通的增加及恶劣天气环境的频繁出现，这就要求热再生路面应具有良好的水稳定性、高温稳定性以及低温抗裂性能。如果再生沥青混合料拌和均匀性较差，细颗粒之间结团存在，粗集料表面裹附细集料较少，此时路面易出现裂缝，容易造成路面渗水。从目前统计的沥青路面的早期破坏情况来看，出现最多的是水损害，这就对沥青路面的抗渗水性能提出了更高的要求。

　　因此，按照以上 SMA-13C 型配合比成型试件检测其路用性能，检验基于矿料迁移规律的级配优化设计方法的合理性。

　　1. 高温稳定性检验

　　高温稳定性是评价沥青混合料抵抗永久变形能力的一个重要指标，当沥青路面高温稳定性不足时，其抗剪强度较低，在荷载和温度作用下易出现车辙等病害影响行车舒适度，使路面过早地进入维修阶段。热再生沥青混合料由于 RAP 中老化沥青的黏度较大，对再生沥青路面的高温稳定性是有帮助的，但由于 RAP 中细集料无法完全迁移，因此提高热再生沥青混合料的拌和均匀程度对于其高温稳定性具有重要的作用。

　　对上述设计级配及最佳油石比的沥青混合料在温度 60 ℃，轮压 0.7 MPa 条件下进行车辙试验。试验结果见表 9.7，符合设计应不小于 3 000 次/mm 的规定要求。

表 9.7　车辙试验结果

层位	油石比/%	试件制作方法	动稳定度/(次·mm⁻¹)	
			单值	平均值
上面层 SMA-13	6.10	碾压成型	9 830	9 866
			9 902	

　　2. 低温稳定性检验

　　制约热再生沥青路面应用推广的一个重要原因是再生沥青混合料抵抗低温开裂的性能较差，容易产生大量横向裂缝，进而诱发水损害。水通过裂缝进入基层造成水冲刷和冻融破坏而使强度大幅下降；同时水还会使沥青与集料剥离，引起集料脱落，影响行车安全，缩短路面服役期限。在路面再生过程中，再生剂的加入虽然对 RAP 中的老化沥青进行了软化及性能的恢复，但由于较短的拌和时间，老化沥青无法与再生剂拌和均匀，进而影响细集料与新矿料的混合，因此进行再生沥青混合料低温稳定性的对比评价是非常重要的。

　　对上述设计级配及最佳沥青用量的再生沥青混合料进行低温弯曲试验，试件由轮碾成型后的车辙板切制的长 250 mm±2.0 mm、宽 30 mm±2.0 mm、高 35 mm±2.0 mm 的棱柱体小梁，其跨径为 200 mm±0.5 mm。对沥青混合料在温度 −10 ℃、加载速率 50 mm/min 的条件下进行弯曲试验，测定破坏强度、破坏应变、破坏劲度模量，试验结果表明其破坏应变满足规范大于 2 500 的要求，低温弯曲试验结果见表 9.8。

表 9.8　低温弯曲试验结果

指标	试件破坏时的抗弯拉强度 R_B /MPa	试件破坏时的最大弯拉应变 ε_B /($\times 10^{-6}$)	试件破坏时的弯曲劲度模量 S_B /MPa
1	8.38	3 371	2 485
2	8.86	3 898	2 274
3	12.88	4 387	2 936
4	8.67	4 222	2 054
5	10.02	4 064	2 464
6	10.98	5 232	2 099
7	10.68	5 218	2 048
8	9.84	4 806	2 048
均值	10.04	4 399.7	2 301
技术要求	—	≥2 500	—

3. 水稳定性检验

水损害是沥青路面的主要病害之一。水在车辆荷载作用下通过裂缝进入到沥青与集料之间的界面，若沥青与集料间的黏附性较弱，那么沥青更易在水的作用下从集料表面剥离，导致集料间失去黏结力松散脱落。目前高速公路的有效服务时间普遍较短，很大程度上与沥青混凝土面层的水稳定性不足造成的路面早期水损害有关。再生沥青混合料中的老化沥青，其各组分的比例发生变化，沥青与集料的黏附能力下降，直接导致沥青混合料的水稳定性下降。因此，评价再生沥青混合料的水稳定性显得尤为重要。

按照上述设计级配及最佳油石比分别制作四组马歇尔试件，分别进行马歇尔试验、48 h 浸水马歇尔试验和冻融劈裂试验（试件击实次数为 50 次），对沥青混合料的水稳定性进行验证，得出残留稳定度为 91.8%，残留强度比为 85.5%，均满足规范要求，结果见表 9.9 和表 9.10。

表 9.9　浸水马歇尔试验结果

层位	马歇尔稳定度/kN	浸水马歇尔稳定度/kN	残留稳定度/%	流值/mm
上面层 SMA-13	14.42	13.24	91.8	4.9
	≥8	—	≥85	1.5~4.0

表 9.10　冻融劈裂试验结果

层位	试验条件	劈裂强度/MPa	残留强度比/%
上面层 SMA-13	未冻融	1.66	85.5
	冻融	1.42	

4. 抗渗水性能

沥青路面抗渗水性能差是引起水损害的重要原因之一，水通过沥青路面渗入基层，易引起承载力下降，从而产生松散、坑槽等早期病害。同时，水一旦渗入就很难排出，久而久之会使沥青的黏附性下降，细集料颗粒易从表面脱落。而经过反复冻融作用，加速沥青与集料的剥离，产生裂缝等疲劳破坏，因此评价再生沥青混合料的抗渗水性能是必然选择。

渗水系数是表征路面渗水性能的指标，采用轮碾法成型上述设计级配及油石比的再生料车辙板试件，进行渗水系数的检测，结果显示具有较好的抗渗性，见表9.11。

表9.11　渗水系数检测结果

指　　标	渗水系数/(mL · min⁻¹)		技术要求
	单值	均值	/(mL · min⁻¹)
1	72		
2	56		
3	75	67.4	≥200
4	63		
5	71		

9.2　工程实例二

■9.2.1　工程概况

北方地区某省道大修工程，是章丘通往莱芜的重要交通要道。起点位于济莱高速与S243线相交处，终点位于济南莱芜界，全长28.19 km。本次热再生试验路共采用了三种类型的热再生沥青混合料进行铺筑，分别为30%RAP掺量AC-25C、30%RAP掺量AC-20C和20%RAP掺量AC-20C。对所选试验路起止桩号及各段的试验方案详见表9.12。

表9.12　各类型再生混合料的试验路概况

起止桩号	试验路长度/m	混合料类型
K21+940－K22+325	385	30%RAP掺量AC-25C
K22+325－K22+570	245	30%RAP掺量AC-20C
K22+570－K22+775	205	20%RAP掺量AC-20C

本次试验段采用的30%RAP掺量AC-25C、30%RAP掺量AC-20C和20%RAP掺量AC-20C热再生沥青混合料配合设计中，采用前述的材料组成优化设计方法进行了目标配合比设计，具体结果见第7章。

■9.2.2　30%RAP掺量AC-25C生产配合比设计

1. 生产配合比矿料级配的确定

按目标配合比所确定的冷料比例4#（19~26.5 mm）占20.0%，3#（13.2~19 mm）占

42.0%，2#（4.75~9.5 mm）占12.0%，1#（0~2.36 mm）占26.0%，1#RAP（9.5~16 mm）占23.0%，2#RAP（0~9.5 mm 占20.0%，冷料按此比例经拌和楼烘干、筛分、除尘，取各个热料仓的集料进行筛分试验，根据各个热料仓的筛分结果，经计算、调整矿质混合料的级配接近目标配合比后，确定各个热料仓的重量比：5#热料仓（23~33 mm）占21.0%，4#热料仓（18~23 mm）占7.0%，3#热料仓（12~18 mm）占23.0%，2#热料仓（6~12 mm）占19.5%，1#热料仓（0~3 mm）占25.0%，矿粉占4.5%，1#RAP 热料仓（10~18 mm）占23.0%，2#RAP 热料仓（0~10 mm）占20.0%，合成级配见表9.13。

表9.13　热料仓级配设计计算表

集料		5#热料仓	4#热料仓	3#热料仓	2#热料仓	1#热料仓	矿粉	1#RAP热料仓	2#RAP热料仓	合成级配	设计要求
配比/%		21	7	23	19.5	25	4.5	23	20		
筛孔/mm	31.5	100	100	100	100	100	100	100	100	100	100
	26.5	61.8	100	100	100	100	100	100	100	94.4	100~95
	19.0	9.3	63.8	100	100	100	100	100	100	84.9	90~82
	16	1.8	10.2	70.1	100	100	100	99.8	100	76.3	83~70
	13.2	0.3	0.5	30.4	100	100	100	92.7	100	68.1	76~62
	9.5	0.3	0.8	3.0	87.0	100	100	67.5	100	57.9	60~45
	4.75	0.3	0.8	0.8	1.8	100	100	27.4	89.6	38.0	45~26
	2.36	0.3	0.8	0.4	0.7	58.8	100	18.4	64.7	25.7	42~18
	1.18	0.3	0.8	0.4	0.7	37.1	100	14.8	50.9	19.4	33~12
	0.6	0.3	0.8	0.4	0.7	25.8	100	11.0	35.2	14.6	24~8
	0.3	0.3	0.8	0.4	0.7	14.6	100	8.1	23.4	10.5	17~5
	0.15	0.3	0.8	0.4	0.7	11.8	99.4	5.2	17.4	8.7	13~4
	0.075	0.3	0.8	0.4	0.7	6.7	92.6	2.4	8.3	5.9	7-3

2. 测定各热料仓集料的相对密度

对各热料仓集料取样进行毛体积相对密度和表观相对密度试验及集料沥青浸渍相对密度，

各热料仓矿料密度试验结果见表 9.14。

表 9.14　各热料仓矿料密度试验结果

规格	5#热料仓	4#热料仓	3#热料仓	2#热料仓	1#热料仓	矿粉
表观相对密度	2.718	2.728	2.707	2.730	2.751	2.715
毛体积相对密度	2.702	2.702	2.688	2.671	2.620	2.715

3. 油石比优选

设计级配确定后，按油石比以 3.9%、4.1%、4.5% 设计级配确定后，按油石比 4.5%、4.5%±0.4% 成型三组旋转压实试件，进行旋转压实试验，试验结果如表 9.15 和图 9.2 所示。

表 9.15　AC-25 热再生沥青中面层目标配合比马歇尔试验结果

油石比/%	3.9	4.1	4.5	设计要求
最大理论相对密度	2.546	2.536	2.525	—
试件毛体积密度	2.425	2.490	2.465	—
空隙率/%	4.75	1.81	2.38	3~5
矿料间隙率/%	10.93	8.81	9.99	≤12
沥青饱和度/%	56.57	79.45	76.20	55~70

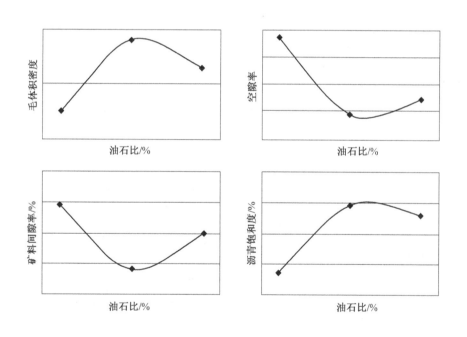

图 9.2　AC-25 热再生沥青中面层目标配合比马歇尔试验曲线图

根据试验结果，绘制密度—沥青用量图、空隙率—沥青用量图、稳定度—沥青用量图、饱和度—沥青用量图、流值—沥青用量图、矿料间隙率—沥青用量图和公共范围图，根据图表，确定有

$a_1 = 4.55\%$，$a_2 = 4.47\%$，$a_3 = 4.35\%$，$a_4 = 4.66\%$，$OAC_{max} = 4.81\%$，$OAC_{min} = 4.24\%$

$OAC_1 = (a_1 + a_2 + a_3 + a_4)/4 = (4.55\% + 4.47\% + 4.35\% + 4.66\%)/4 \approx 4.51\%$

$OAC_2 = (OAC_{max} + OAC_{min})/2 = (4.81\% + 4.24\%)/2 \approx 4.53\%$

$OAC = (OAC_1 + OAC_2)/2 = (4.51\% + 4.53\%)/2 = 4.52\%$

根据施工实践，结合各项条件相接近的工程沥青用量及使用效果，认为本设计的沥青用量是适宜的。由于本工程所在地属夏炎热区中轻交通路段，决定在空隙率符合要求的范围内将计算的最佳沥青含量减少0.03%作为设计沥青用量。即设计最佳油石比为4.20%、设计最佳沥青用量为4.37%。

按最佳油石比4.20%成型马歇尔试件，试验结果见表9.16。

表9.16 马歇尔试验结果

油石比/%	最大理论相对密度	试件毛体积相对密度	空隙率/%	马歇尔稳定度/kN	矿料间隙率/%	饱和度	流值/mm
4.20	2.538	2.386	5.99	9.98	12.56	52.30	2.68
4.20	2.538	2.394	5.67	11.54	12.26	53.79	2.62
4.20	2.538	2.391	7.75	11.13	14.20	45.40	3.31
4.20	2.538	2.390	5.78	11.36	12.37	53.25	2.72
技术要求	—	—	3~5	≥8.0	≮12	55~70	2~4

4. 沥青混合料性能验证试验

（1）水稳定性检验。根据规范要求，按照上述设计级配及最佳油石比分别制作三组马歇尔试件，分别进行浸水马歇尔试验和冻融劈裂试验（试件击实次数为50次），对沥青混合料的水稳定性进行验证，浸水马歇尔试验结果见表9.17，冻融劈裂试验结果（试件击实次数为50次）见表9.18。

表9.17 浸水马歇尔试验结果

试验条件	马歇尔稳定度/kN			平均值	残留稳定度/%
60℃，0.5 h	11.70	10.53	10.74	10.99	89.7
60℃，48 h	10.92	9.63	9.02	9.86	

表9.18 冻融劈裂试验结果

油石比/%	试验条件	劈裂强度/MPa			平均值	冻融劈裂强度比/%
4.4	冻融	0.78	0.61	0.53	0.64	91.4
	未冻融	0.66	0.86	0.59	0.70	

（2）高温稳定性检验。按规范要求，对上述设计级配及最佳沥青用量的沥青混合料在温度60℃，轮压0.7 MPa条件下进行车辙试验。试验结果见表9.19，符合设计应不小于1 000次/mm的规定要求。

表 9.19　车辙试验结果

级配类型	油石比 /%	试验 尺寸 /cm	试验 温度 /℃	试验 荷载 /MPa	试验轮 行走速度 /(次·min⁻¹)	动稳定度 /(次·mm⁻¹)		
AC-25C	4.40	30×30×5	60	0.7	42	单值	2 865	3 316	3 543
						平均值	>3 200		

5. 结论

综合上述试验结果，确定中面层 AC-25C 热再生沥青混合料生产配合比最佳沥青用量为 4.49%，最佳油石比为 4.90%，拌和楼拌和时油石比控制精度为最佳油石比的±0.1%，即 4.80% ~ 5.00%；各档热料仓的比例为

5#热料仓（23~33 mm）：	21.0%
4#热料仓（18~23 mm）：	7.0%
3#热料仓（12~18 mm）：	23.0%
2#热料仓（6~12 mm）：	19.5%
1#热料仓（0~3 mm）：	25.0%
1#RAP 热料仓（10~18 mm）：	23.0%
2#RAP 热料仓（0~10 mm）：	20.0%
矿粉：	4.5%

■ 9.2.3　30%RAP 掺量 AC-20C 生产配合比设计

1. 生产配合比矿料级配的确定

按目标配合比所确定的冷料比例 3#（13.2 ~ 19 mm）：43.0%，2#（4.75 ~ 9.5 mm）：29.0%，1#（0 ~ 2.36 mm）：28.0%，2#RAP（9.5 ~ 16 mm）：26%，1#RAP（0 ~ 9.5 mm）：17%，冷料按此比例经拌和楼烘干、筛分、除尘，取各个热料仓的集料进行筛分试验，根据各个热料仓的筛分结果，经计算、调整矿质混合料的级配接近目标配合比后，确定各个热料仓的重量比：5#热料仓（18~23 mm）占 23.0%，4#热料仓（12~18 mm）占 17.0%，3#热料仓（6~12 mm）占 28.0%，2#热料仓（3~6 mm）占 4.0%，1#热料仓（0~3 mm）占 26.0%，矿粉占 2.0%，1#旧料热料仓（10~18 mm）占 25.0%，2#旧料热料仓（0~10 mm）占 18.0%，合成级配见表 9.20。

表 9.20　热料仓级配设计计算表

筛孔/mm	5# 热料仓	4# 热料仓	3# 热料仓	2# 热料仓	1# 热料仓	矿粉	1#RAP 热料仓	2#RAP 热料仓	合成 级配	设计 要求
	配比/%									
	23	17	28	4	26	2	25	18		
26.5	100	100	100	100	100	100	100	100	100	100
19.0	63.8	100	100	100	100	100	100	100	94.2	100~95
16	10.2	70.1	100	100	100	100	99.8	100	82.0	87~74

筛孔/mm	5#热料仓	4#热料仓	3#热料仓	2#热料仓	1#热料仓	矿粉	1#RAP热料仓	2#RAP热料仓	合成级配	设计要求
	配比/%									
	23	17	28	4	26	2	25	18		
13.2	0.5	30.4	100	100	100	100	92.7	100	74.5	76~62
9.5	0.8	3.0	87.0	100	100	100	67.5	100	64.3	65~45
4.75	0.8	0.8	1.8	61.8	100	100	27.4	89.6	37.9	45~26
2.36	0.8	0.4	0.7	4.7	58.8	100	18.4	64.7	23.9	38~20
1.18	0.8	0.4	0.7	3.8	37.1	100	14.8	50.9	17.6	12~33
0.6	0.8	0.4	0.7	1.9	25.8	100	11.0	35.2	12.8	24~8
0.3	0.8	0.4	0.7	1.9	14.6	100	8.1	25.7	9.1	17~5
0.15	0.8	0.4	0.7	1.9	11.8	99.4	6.6	21.6	7.8	13~4
0.075	0.8	0.4	0.7	1.9	6.7	92.6	4.8	17.9	6.0	7~3

2. 测定各热料仓集料的相对密度

对各热料仓集料取样进行毛体积相对密度和表观相对密度试验及集料沥青浸渍相对密度，各热料仓矿料密度试验结果见表9.21。

表9.21 各热料仓矿料密度试验结果

规格	5#热料仓	4#热料仓	3#热料仓	2#热料仓	1#热料仓	矿粉
表观相对密度	2.718	2.728	2.707	2.730	2.751	2.715
毛体积相对密度	2.702	2.702	2.688	2.671	2.620	2.715

3. 油石比确定

设计级配确定后，按油石比4.1%、4.5%、4.9%成型三组旋转压实试件，进行旋转压实试验，试验结果如表9.22和图9.3所示。

表9.22 AC-20热再生沥青中面层目标配合比马歇尔试验结果

油石比/%	4.10	4.50	4.90	设计要求
最大理论相对密度	2.530	2.519	2.508	—
试件毛体积密度	2.502	2.462	2.409	—
空隙率/%	1.11	2.27	3.96	3~5
矿料间隙率/%	8.39	10.13	12.32	≮12
沥青饱和度/%	86.77	77.55	67.84	55~70

根据试验结果，绘制密度—沥青用量图、空隙率—沥青用量图、稳定度—沥青用量图、饱和度—沥青用量图、流值—沥青用量图、矿料间隙率—沥青用量图和公共范围图，根据图表，确定有

$$a_1 = 4.55\%，a_2 = 4.47\%，a_3 = 4.35\%，a_4 = 4.66\%，OAC_{max} = 4.81\%，OAC_{min} = 4.24\%$$

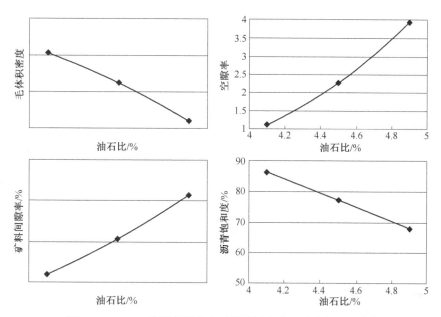

图 9.3　AC-20 热再生沥青中面层目标配合比马歇尔试验曲线图

$$OAC_1 = (a_1+a_2+a_3+a_4)/4 = (4.55\%+4.47\%+4.35\%+4.66\%)/4 \approx 4.51\%$$

$$OAC_2 = (OAC_{max}+OAC_{min})/2 = (4.81\%+4.24\%)/2 \approx 4.53\%$$

$$OAC = (OAC_1+OAC_2)/2 = (4.51\%+4.52\%)/2 = 4.52\%$$

根据施工实践，结合各项条件相接近的工程沥青用量及使用效果，认为本设计的沥青用量是适宜的。由于本工程所在地属夏炎热区中轻交通路段，决定在空隙率符合要求的范围内将计算的最佳沥青含量减少 0.03% 作为设计沥青用量。即设计最佳油石比为 4.90%、设计最佳沥青用量为 4.87%。

按最佳油石比 4.90% 成型马歇尔试件，试验结果见表 9.23。

表 9.23　马歇尔试验结果

油石比 /%	最大理论相对密度	试件毛体积相对密度	空隙率/%	马歇尔稳定度/kN	矿料间隙率/%	饱和度	流值/mm
4.90	2.515	2.405	4.38	11.18	12.30	66.36	2.67
4.90	2.515	2.393	4.84	13.26	12.72	61.96	4.19
4.90	2.515	2.414	4.01	12.88	11.96	66.46	4.55
4.90	2.515	2.407	4.28	11.78	12.21	64.91	3.66
技术要求	—	—	3~5	≥8.0	≮12	55~70	2~4

4. 配合比设计检验

（1）水稳定性检验。根据规范要求，按照上述设计级配及最佳油石比分别制作三组马歇尔试件，分别进行浸水马歇尔试验和冻融劈裂试验（试件击实次数为 50 次），对沥青混合料的水稳定性进行验证，浸水马歇尔试验结果见表 9.24；冻融劈裂试验结果（试件击实次数为 50 次）见表 9.25：

表 9.24 浸水马歇尔试验结果

试验条件	马歇尔稳定度/kN			平均值	残留稳定度/%
60 ℃, 0.5 h	10.15	11.92	11.44	11.17	95.3
60 ℃, 48 h	11.13	9.88	10.93	10.65	

表 9.25 冻融劈裂试验结果

油石比/%	试验条件	劈裂强度/MPa			平均值	冻融劈裂强度比/%
4.8	冻融	0.70	0.77	0.73	0.73	74.5
	未冻融	1.03	1.01	0.90	0.98	

(2) 高温稳定性检验。按规范要求，对上述设计级配及最佳沥青用量的沥青混合料在温度 60 ℃，轮压 0.7 MPa 条件下进行车辙试验，试验结果见表 9.26，符合设计应不小于 1 000 次/mm 的规定要求。

表 9.26 车辙试验结果

级配类型	油石比 /%	试验尺寸 /cm	试验温度 /℃	试验荷载 /MPa	试验轮行走速度 /(次·min⁻¹)	动稳定度 /(次·mm⁻¹)		
AC-20	4.80	30×30×5	60	0.7	42	单值	3 212	3 768	3 936
						平均值	>3 600	

5. 结论

综合上述试验结果，确定中面层 30%RAP 用量 AC-20 热再生沥青混合料生产配合比最佳沥青用量为 4.49%，最佳油石比为 4.90%，拌和楼拌和时油石比控制精度为最佳油石比的 ±0.1%，即 4.80% ~ 5.00%；各档热料仓的比例为

5#热料仓（18~23 mm）：　　　　　23.0%

4#热料仓（12~18 mm）：　　　　　17.0%

3#热料仓（6~12 mm）：　　　　　　28.0%

2#热料仓（3~6 mm）：　　　　　　4.0%

1#热料仓（0~3 mm）：　　　　　　26.0%

1#RAP 热料仓（10~18 mm）　　　　25.0%

2#RAP 热料仓（0~10 mm）　　　　 18.0%

矿粉：　　　　　　　　　　　　　　2.0%

9.2.4　20%RAP 掺量 AC-20C 生产配合比设计

1. 生产配合比矿料级配的确定

按目标配合比所确定的冷料比例 3#（13.2~19 mm）占 36.0%，2#（4.75~9.5 mm）占 30.0%，1#（0~2.36 mm）占 34.0%，2#RAP（9.5~16 mm）占 18%，1#RAP（0~9.5 mm）占 7%。冷料按此比例经拌和楼烘干、筛分、除尘，取各个热料仓的集料进行筛分试验，根据各个热料仓的筛分结果，经计算、调整矿质混合料的级配接近目标配合比后，确定各个热料

仓的重量比：5#热料仓（18~23 mm）占 21.0%，4#热料仓（12~18 mm）占 17.0%，3#热料仓（6~12 mm）占 25.0%，2#热料仓（3~6 mm）占 4.0%，1#热料仓（0~3 mm）占 30.0%，矿粉占 3.0%，2#RAP 热料仓（10~18 mm）占 18.0%，1#RAP 热料仓（0~10 mm）占 7.0%，合成级配见表 9.27。

表 9.27 热料仓级配设计计算表

筛孔/mm	5#热料仓	4#热料仓	3#热料仓	2#热料仓	1#热料仓	矿粉	1#RAP热料仓	2#RAP热料仓	合成级配	设计要求
	配比/%									
	21.0	17.0	25.0	4.0	30.0	3.0	18.0	7.0		
26.5	100	100	100	100	100	100	100	100	100	100
19.0	63.8	100	100	100	100	100	100	100	93.9	100~95
16	10.2	70.1	100	100	100	100	99.8	100	80.8	87~74
13.2	0.5	30.4	100	100	100	100	92.7	100	72.8	76~62
9.5	0.8	3.0	87.0	100	100	100	67.5	100	62.9	65~45
4.75	0.8	0.8	1.8	61.8	100	100	27.4	89.6	37.9	45~26
2.36	0.8	0.4	0.7	4.7	58.8	100	18.4	64.7	23.3	38~20
1.18	0.8	0.4	0.7	3.8	37.1	100	14.8	50.9	16.7	12~33
0.6	0.8	0.4	0.7	1.9	25.8	100	11.0	35.2	12.5	24~8
0.3	0.8	0.4	0.7	1.9	14.6	100	8.1	25.7	8.9	17~5
0.15	0.8	0.4	0.7	1.9	11.8	99.4	6.6	21.6	7.8	13~4
0.075	0.8	0.4	0.7	1.9	6.7	92.6	4.8	17.9	5.9	7~3

2. 测定各热料仓集料的相对密度

对各热料仓集料取样进行毛体积相对密度和表观相对密度试验及集料沥青浸渍相对密度，各热料仓矿料的密度试验结果见表 9.28。

表 9.28 各热料仓矿料密度试验结果

规格	5#热料仓	4#热料仓	3#热料仓	2#热料仓	1#热料仓	矿粉
表观相对密度	2.718	2.728	2.707	2.730	2.751	2.715
毛体积相对密度	2.702	2.702	2.688	2.671	2.620	2.715

3. 油石比优选

设计级配确定后，按油石比 4.5%，4.5%±0.4% 成型三组旋转压实试件，进行旋转压实试验，试验结果如表 9.29 和图 9.4 所示。

表 9.29 AC-20 热再生沥青中面层目标配合比旋转压实试验结果

油石比/%	4.1	4.5	4.9	设计要求
最大理论相对密度	2.528	2.516	2.504	—
试件毛体积密度	2.437	2.426	2.443	—
空隙率/%	3.59	3.58	2.43	3~5
矿料间隙率/%	10.87	11.57	11.24	≮12
沥青饱和度/%	66.94	69.06	78.37	55~70

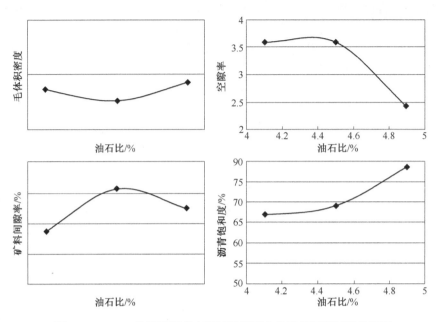

图 9.4 AC-20 热再生沥青中面层目标配合比旋转压实试验曲线图

根据试验结果，绘制密度—沥青用量图、空隙率—沥青用量图、稳定度—沥青用量图、饱和度—沥青用量图、流值—沥青用量图、矿料间隙率—沥青用量图和公共范围图，根据图表，确定有

$a_1 = 4.55\%$，$a_2 = 4.47\%$，$a_3 = 4.35\%$，$a_4 = 4.66\%$，$OAC_{max} = 4.81\%$，$OAC_{min} = 4.24\%$

$OAC_1 = (a_1 + a_2 + a_3 + a_4)/4 = (4.55\% + 4.47\% + 4.35\% + 4.66\%)/4 \approx 4.51\%$

$OAC_2 = (OAC_{max} + OAC_{min})/2 = (4.81\% + 4.24\%)/2 \approx 4.53\%$

$OAC = (OAC_1 + OAC_2)/2 = (4.51\% + 4.52\%)/2 = 4.52\%$

根据施工实践，结合各项条件相接近的工程沥青用量及使用效果，认为本设计的沥青用量是适宜的。由于本工程所在地属夏炎热区中轻交通路段，决定在空隙率符合要求的范围内将计算的最佳沥青含量减少 0.03% 作为设计沥青用量。即设计最佳油石比为 4.60%、设计最佳沥青用量为 4.47%。

按最佳油石比成型马歇尔试件，试验结果见表 9.30。

表 9.30 马歇尔试验结果

油石比 /%	最大理论相对密度	试件毛体积相对密度	空隙率 /%	马歇尔稳定度/kN	矿料间隙率/%	饱和度	流值 /mm
4.50	2.511	2.386	4.99	12.34	12.88	61.30	3.10
4.50	2.511	2.386	5.02	11.12	12.89	61.28	3.03
4.50	2.511	2.385	4.41	12.65	12.92	61.13	3.14
4.50	2.511	2.400	5.00	11.15	12.35	64.33	3.29
技术要求	—	—	3~5	≥8	≮12	55~70	2~4

4. 混合料性能检验

（1）水稳定性检验。按照上述设计级配及最佳油石比分别制作三组马歇尔试件，分别进行浸水马歇尔试验和冻融劈裂试验（试件击实次数为 50 次），对沥青混合料的水稳定性进行验证，浸水马歇尔试验结果见表 9.31；冻融劈裂试验结果（试件击实次数为 50 次）见表 9.32。

表 9.31　浸水马歇尔试验结果

试验条件	马歇尔稳定度/kN			平均值	残留稳定度/%
60 ℃，0.5 h	12.93	11.40	11.62	11.98	97.5
60 ℃，48 h	11.89	13.88	11.09	12.29	

表 9.32　冻融劈裂试验结果

油石比/%	试验条件	劈裂强度/MPa			平均值	冻融劈裂强度比/%
4.6	冻融	0.61	0.60	0.60	0.60	73.2
	未冻融	0.84	0.80	0.81	0.82	

（2）高温稳定性检验。按规范要求，对上述设计级配及最佳沥青用量的沥青混合料在温度 60 ℃，轮压 0.7 MPa 条件下进行车辙试验，试验结果见表 9.33，符合设计应不小于 1 000 次/mm 的规定要求。

表 9.33　车辙试验结果

级配类型	油石比/%	试验尺寸/cm	试验温度/℃	试验荷载/MPa	试验轮行走速度/(次·min⁻¹)	试件制作方法	动稳定度/(次·mm⁻¹)		
AC-20	4.60	30×30×5	60	0.7	42	碾压成型	单值	2 123　2 574　2 835	
							平均值	>2 400	

5. 结论

综合上述试验结果，确定中面层 20%RAP 用量 AC-20 热再生沥青混合料生产配合比最佳沥青用量为 4.49%，最佳油石比为 4.70%，拌和楼拌和时油石比控制精度为最佳油石比的 ±0.1%，即 4.60% ~ 4.80%；各档热料仓的比例为

5#热料仓（18~23 mm）：　　　　　21.0%

4#热料仓（12~18 mm）：　　　　　17.0%

3#热料仓（6~12 mm）：　　　　　25.0%

2#热料仓（3~6 mm）：　　　　　4.0%

1#热料仓（0~3 mm）：　　　　　30.0%

1#旧料热料仓（10~18 mm）：　　18.0%

2#旧料热料仓（0~10 mm）　　　7.0%

矿粉：　　　　　　　　　　　　3.0%

9.2.5　热再生沥青混合料的生产和施工工艺

1. 再生沥青混合料的生产拌和

热再生沥青混合料的拌和设备采用泰安岳首集团生产的高位滚筒型厂拌热再生设备，该

设备具有如下特点：再生滚筒采用上置安装；再生温度可以实现精确控制；高温的废气经回收后进入滚筒，在减少排放的同时还可以降低能源消耗；再生高速投料皮带可以有效防止发生黏料。高位滚筒型厂拌热再生设备如图9.5所示。

图9.5 高位滚筒型厂拌热再生设备

2. 运输

热再生沥青混合料的运输应选用吨位较大的自卸汽车，以保证混合料的连续摊铺长度；运输车辆的车槽应保持清洁，装料前在车槽底板及四周涂抹一层水油混合液，防止沥青混合料与车厢黏结；在运输过程中应做好保温措施，严格控制沥青混合料的温度（图9.6）；运输车辆在行驶过程中，应尽量避免急刹车，减少沥青混合料的离析现象；已经发生离析、结团或黏结在车厢上的混合料都应做废弃处理。

图9.6 沥青混合料到场温度检测

3. 摊铺、碾压与养护

再生沥青混合料摊铺前应将表面清理干净，去除杂物及泥土等，清理完成后洒布黏层油或透层油。热再生沥青混合料的摊铺、碾压工艺与普通热拌沥青混合料摊铺工艺相同，施工过程中要控制好摊铺、碾压温度（图9.7）；为保证再生路面的平整度和压实度，沥青混合料摊铺完成后尽快碾压，必须严格控制碾压次数（图 9.8 和图 9.9）；另外还要注意接缝的处理，保证接缝平顺、美观；碾压的路面冷却之前，不允许任何车辆机械停放，路面压实 24 h 后，方可允许施工车辆通行。

图 9.7　沥青混合料摊铺及温度检测

图 9.8　钢轮压路机碾压

图 9.9　轮胎压路机碾压

各种配合比类型再生沥青混合料的虚铺系数见表9.34。

表 9.34　各种再生沥青混合料的虚铺系数

混合料类型	虚铺系数
20%RAP 掺量 AC-20 沥青混凝土	1.18
30%RAP 掺量 AC-20 沥青混凝土	1.19
30%RAP 掺量 AC-25 沥青混凝土	1.18

4. 各阶段温度控制

与普通热拌沥青混合料相比，热再生沥青混合料的新集料加热温度应提高 10 ℃左右，搅拌温度也要相应地提高，具体的各项温度控制指标见表9.35。

表 9.35　再生混合料的温度控制

控制指标	RAP 加热	集料加热	沥青加热	拌和温度	出料温度	摊铺温度
单位/℃	120~130	180~190	155~160	170	160~170	150~155

第三部分　就地热再生沥青路面工程实践

■ 第 *10* 章 ■

SMA 沥青路面现场温拌再生施工技术

与其他再生技术相比，现场热再生技术能够直接就地一次性完成路面修复层的加热、翻松、新材料添加、拌和、摊铺及碾压成型，不仅达到了旧料的百分百利用，无须旧料的运输废弃，具有成本节约大，环保系数高的特点，同时还具有施工速度快、工期短、开放交通早、施工对交通的干扰小等优势，是路表功能性病害修复的最直接、最有效的技术方式。基于我国目前的路面病害特点，路表的功能性病害占据了相当大的比例，同时路面的早期病害也是一个不可忽视的重要现象。而基于国外沥青路面应用经验以及我国的沥青路面发展趋势，随着沥青路面修筑和管理技术的不断完善，长寿命沥青路面是必然的发展方向，也即在以后的路面使用寿命过程中，路面结构及材料都会处于比较稳定的状态，仅需在使用过程中对磨耗路表材料进行养护维修。因此，无论是现阶段病害修复的需要还是长远技术发展的需求，对现场热再生技术的研究都具有重要意义。

可以看出，对旧改性沥青路面进行再生利用，蕴含巨大的社会经济效益，顺应交通行业建设可持续发展的战略举措。目前针对改性沥青再生的研究相对较少，针对 SMA 混合料的再生技术研究更是一个空白，而相比于其他沥青混合料 SMA 不仅使用普遍，性能优越，价格昂贵，同时其材料组成及再生应用的影响因素更加复杂。同时，由于我国再生利用成套技术的研究起步较晚，设备复杂等因素的影响，相比于其他再生技术，现场热再生技术的成功实施也具有更高的难度。

10.1　工　艺　原　理

通过在旧 SMA 沥青路面加入新沥青混合料、再生剂与温拌剂，使老化沥青的性能得到恢复，使细化的级配得到补充，重新形成骨架密实结构，温拌剂的加入，降低了 SMA 现场再生的施工温度，减少了能源消耗，提高了路面成型质量。

现场再生机组通过循环热风重复多次的加热方式，避免了旧沥青的进一步老化，对集料无破坏；各机组依次完成路面加热、热铣刨、新料添加、分料、集料、搅拌、输送等工艺环节，保障施工质量的同时，显著提高了施工效率，减少了道路交通的中断时间。

10.2　施工工艺流程与操作要点

施工工艺流程图如图 10.1 所示。

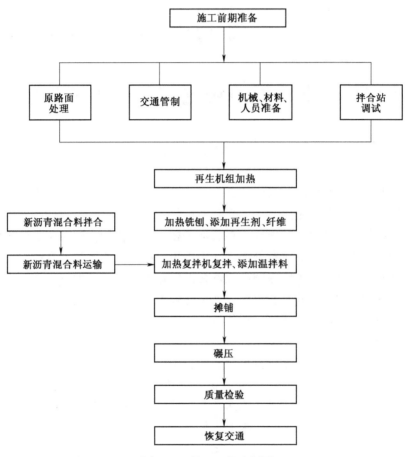

图 10.1　施工工艺流程图

■10.2.1　施工准备

1. 原路面的处理

沥青路面现场热再生施工是适用于高速公路基层完好，表面层出现车辙、网裂等不规则破损的施工工艺。在热再生施工前根据图纸要求及现场路况调查数据对作业区间内存在的严重车辙、雍包、沉陷、网裂等局部位置进行处理，处理方式分为以下三种。

（1）表层出现严重网裂等病害，中面层以下结构完好，采取单层挖补的方式处理。即只铣刨掉表层沥青混凝土，再利用上面层材料重新摊铺、压实，待热再生施工时一并再生。

（2）沥青混凝土中上面层都存在严重网裂、壅包，基层完好，采用双层挖补的方式处理。即对上、中面层分层铣刨，上面层的铣刨宽度要比中面层各边缘分别宽 15~20 cm，防止上下层接缝重叠。再利用中上面层材料分层对各层进行摊铺、压实作业，再生过程中只对上面层重新再生。

（3）路面基层或路基出现破损、路表出现沉陷等现象，采用挖除新建的方式清除基层或路基破损，利用同类材料对基层或路基进行回填、压实、养生，待达到设计强度后再分层摊铺中、上面层，再生过程中对上面层重新再生。

经过以上处理，可以防止由于旧沥青混凝土质量过差造成的再生后路面局部提前破损的现象发生。

2. 交通管制

现场热再生施工属于路面养护施工，为保证作业机组及人员安全，在施工前应及时与当地交管部门协调办理导行手续，在施工前一天对准备施工段落实施导行，导行期间具体标志摆放位置、数量须依据《公路养护安全作业规程》（JTG H30—2015）要求及交管部门要求进行。所有施工标志设置必须整齐划一（包括高度、倾斜角度、摆放间距），并用规格统一的钢管固定牢固，不得有松动的情况发生（如出现松动的情况必须立即固定牢靠）。反光锥桶、反光防撞桶必须用沙袋压实，以免车辆通过时将反光锥桶、反光防撞桶带离设置点位。沥青路面在摊铺层完全自然冷却到周围地面温度之前，严禁任何车辆通行，冷却后（温度降低至 50 ℃以下）开放交通。

3. 原材料性能检验

施工前应当对原材料进行质量检测，以确保符合相关技术要求。

4. 施工放样及清扫

现场热再生施工仍采用路面原有横坡，可以在再生时改善旧路横坡不良路段。为了保证施工后线形的美观必须在路面再生宽度以外画基线，或者将行车道边缘作为基线。同时为防止路面污染物影响再生沥青混凝土的质量，必须对原路面进行彻底清扫，可采用山猫 S300 型路面清扫车。

5. 设备的调试

在施工前一天，应该完成现场再生机组、沥青拌和站的调试工作，以确保设备正常运行。

10.2.2　再生机组加热

再生机组在加热前要预先摆放到位，第一台加热机的前加热箱后沿要压线（段落起点）20 cm，其余机组要依次相距 3~4 cm 摆放。热再生机组的加热原理是通过燃烧柴油加热空气，再通过循环热风的方式加热旧路面，既杜绝了热量的散失又防止直接烘烤路面造成沥青的老化。加热期间，加热机的行驶速度需要根据路面温度、空气湿度、风速等条件进行实时控制，以保证在最佳行进速度下加热路面。当混合料的摊铺温度不能满足施工需要时采取提高加热温度、降低行进速度、缩短机械间距的方式，反之可采取提高行进速度的方式提高工作效率。路面加热温度的控制以再生后改性沥青混合料摊铺温度不低于 140 ℃为宜，保证加热效率和加热效果。加热机在完成一个作业段进入另一个作业段期间要关闭加热系统，抬高并收起加热箱，防止在非作业期间造成对非作业段的烘烤。对改性沥青SMA路面进行现场热再生，热再生所需温度高，所以采用三台加热机对原路面进行加热（图10.2），保证施工温度。

图10.2　再生机组进行加热

■ 10.2.3　加热铣刨机铣刨、添加再生剂与纤维

1. 加热铣刨

当路面加热到所需温度后，铣刨机开始工作。铣刨机在起步阶段要控制好铣刨刀头的位置，以贴近起点边线为宜，同时三组铣刨刀头的下刀点在同一直线上，对没能取直的位置要人工刨除，保证施工线形美观。铣刨深度在作业期间要时时监控，三个铣刨鼓的铣刨深度要在同一平面上，保证设计再生厚度。

2. 添加再生剂

再生剂添加量根据试验确定，并在行进过程中不断复核，出现偏差及时调整，保证添加量符合设计要求。加热铣刨机还可以对路面进行二次加热，前铣刨鼓对路面两侧铣刨，并把材料向路面中心收集，后铣刨鼓可以把再生剂与旧料混合。由于是热铣刨可以保证骨料不受到破坏。再生剂添加系统是通过微机控制的，可以根据铣刨机的行进速度和路面材料的变化进行精确调整，再生剂要保持一定的温度，以保证可以顺畅流出。

3. 添加纤维

目前新纤维添加工艺主要的难题在于新纤维不易与沥青混合料均匀地拌和，可考虑把新纤维分两部分加入，一部分在拌和场与新沥青混合料实现均匀拌和，另一部分在现场与旧沥青混合料实现均匀拌和。每一部分的加入量按各自沥青混合料总量的1.5%加入，就能很好地解决新纤维与混合料不易拌和均匀的难题。

现场新纤维添加设备初步考虑可以放置在铣刨机之前，预热机之后，随着预热机前进把新纤维均匀地撒铺在加热后的原路面上。在加热铣刨机铣刨路面的过程中就可以实现纤维与混合料的均匀拌和，在之后的复拌机中也可以进一步拌和。

纤维添加设备主要结构可以分为投料打散机构、给料机构、称量机构和送料机构四部分。投料机打散机构的功能是把投入的袋装木质素纤维打散均匀，并配有一定的储料空间；给料机构的功能是通过称重机构的反馈信息控制是否继续向称重机构送料，当秤内的木质素纤维质量小于设定值且吹送完毕时，给料机运行继续将木质素纤维送入秤内；称量机构是一套高精度电子秤，对秤内的木质素纤维进行实时动态称量；送料机构是由鼓风机、刮板和输送管道组成的，刮板将电子秤内的木质素纤维送入输送管道，再由鼓风机将木质素纤维均匀地吹到原路面上。

图 10.3 所示为加热铣刨、添加再生剂与纤维。

图 10.3　加热铣刨、添加再生剂与纤维

10.2.4　加热复拌机复拌、添加温拌剂

1. 新沥青混合料拌和、运输

按照设计配比，利用拌和站拌制新 SMA 混合料，并在其中加入部分纤维，新沥青混合料可以对旧路面起到恢复沥青性能、重建骨架级配的作用。拌和完成后，利用运料卡车运输至施工现场。

2. 加入复拌、添加温拌剂

加热复拌机可以把铣刨下来的旧料和新加入的混合料拌和均匀。对改性沥青 SMA 路面进行再生，所需工作温度高，添加一定量的温拌剂可以降低拌和温度，节省燃料，降低环境污染，增强拌和效果。待铣刨机行走一段距离后，要人工对起始位置的 1.5~2 m 距离的混合料进行清理，为复拌机刮料板留出足够位置。料车、复拌机及时跟进，在铣刨料的起始位置开始按比例添加新料并喷洒温拌剂，复拌机在添料的同时对混合料进行加热、复拌再生，保证再生混合料拌和均匀（图 10.4）。

图 10.4　加热复拌机复拌

10.2.5 摊铺

摊铺机在工作时要保证螺旋布料器中混合料高度至 2/3 左右。摊铺机的行进速度与沥青混合料的加热情况和供应情况有关，一般以保证摊铺料的摊铺温度为宜，一般控制在 1.5~4 m/min，与复拌机等速行驶，摊铺混合料的温度要保证在 130~140 ℃，如图 10.5 所示。

图 10.5　摊铺 SMA 温拌再生混合料

10.2.6 碾压

热再生混合料要分阶段、分层次进行碾压。碾压温度要满足设计的要求；碾压时应将压路机的驱动轮朝向摊铺方向，以避免碾压时沥青混合料推挤产生壅包；不应突然改变压路机的碾压方向；压路机启动或停止的时候，一定要缓行，不准利用刹车制动；压路机的折回点应呈阶梯形分布，不应处在同一横断面上；压路机不可以在未碾压成型的路面上转向或停车等候；压路机在边缘碾压时要注意：一要保证碾压到位，不要漏压；二要保证压实度，如图 10.6 所示。

图 10.6　碾压工艺

10.2.7　质量检测

在开放交通前，应进行质量检测，检测项目主要包括外观检测、压实度、渗水系数、表面构造深度等，检测合格后方可开放交通，如图 10.7 所示。

图 10.7　质量检测

10.2.8　恢复交通

当碾压后的路面温度降至 50 ℃以下时，即可开放交通。

第 *11* 章

就地热再生沥青工程应用实例

11.1 工程概况与设计依据

11.1.1 工程概况

220 国道（或"国道 220 线""G220 线"）是在中国的一条国道。起点山东东营广利港，经过山东东营、河南信阳、湖北黄冈、江西九江、广东五大省会之间最便捷的国道。其中，G220 滨州段原路面表面层采用 SMA-13 沥青混合料铺筑，经车辆荷载、自然环境的反复作用，已经出现早期病害。为实现旧 SMA 沥青路面的就地热再生，达到预防性养护、提高道路使用寿命的目的，根据相关单位委托，结合 G220 滨州段 SMA 沥青上面层旧料及其他材料送料情况，进行了 SMA-13 就地热再生沥青混合料的配合比设计。

11.1.2 设计及试验依据

设计及试验依据如下。

（1）《公路沥青路面施工技术规范》（JTG F40—2004）。

（2）《公路工程集料试验规程》（JTG E42—2005）。

（3）《公路工程沥青及沥青混合料试验规程》（JTG E20—2011）。

（4）《公路工程沥青路面矿料技术标准》（DB37/T 1390—2009）。

（5）《沥青玛琋脂碎石路面技术指南》（SHC F40-01—2002）。

（6）《公路沥青路面设计规范》（JTG D50—2017）。

（7）《公路沥青路面再生技术规范》（JTG F41—2008）。

（8）《沥青路面就地热再生技术指南》（DB21/T2346—2014）。

（9）SMA-13 热再生沥青混合料级配要求见表 11.1，SMA-13 热再生沥青混合料马歇尔试验技术指标见表 11.2。

表 11.1　SMA-13 热再生沥青混合料级配要求

级配类型	16	13.2	9.5	4.75	2.36	1.18	0.6	0.3	0.15	0.075
SMA-13	100	90~100	50~75	20~34	15~26	14~24	12~20	10~16	9~15	8~12

表 11.2　SMA-13 热再生沥青混合料马歇尔试验技术指标

级配类型	击实次数（双面）	稳定度/kN	空隙率（VV）/%	矿料间隙率（VMA）/%	沥青饱和度（VFA）/%	残留稳定度/%	动稳定度/(次·mm⁻¹)	冻融劈裂强度比/%
SMA-13	75	≮6.0	3~4	≮17.0	75~85	≮80	≮3000	≮80

11.2　原材料试验

■11.2.1　回收沥青路面材料（RAP）

在拟施工路段随机选取 4 处，分别对上下行超车道、行车道采用机械切割的方法取样，取样深度为 4 cm。对 RAP 进行抽提，将其中的集料和沥青分离，并测定旧沥青混合料中的集料和沥青含量，利用旋转蒸发器法回收旧沥青，旧沥青技术指标测试的检测结果见表 11.3，旧沥青混合料中集料的技术指标和沥青指标试验结果见表 11.4~11.5，旧路面的矿料筛分结果见表 11.6。

表 11.3　旧沥青技术指标测试的检测结果

项　　目	单位	试验结果
针入度（25 ℃，5 s，100 g）	0.1 mm	35.6
延度（15 ℃）	cm	9.2
软化点（环球法）	℃	68.5
相对密度（实测）	—	1.031
油石比	%	6.0

表 11.4　旧沥青混合料中细集料的技术指标和沥青指标试验结果

试验项目	毛体积相对密度	表观相对密度	砂当量/%	棱角性/s
技术标准	—	≥2.50	≥55	≥30
0~2.36 mm 旧料	2.674	2.787	67	35.5

表 11.5　旧沥青混合料中粗集料的技术指标和沥青指标试验结果

试验项目	表观相对密度	针片状含量/%	压碎值/%	吸水率/%	与沥青的黏附性	坚固性/%
技术标准	≥2.60	≤12	≤26	≤2.0	≥4 级	—
9.5~13.2 mm 旧料	2.829	5.7	8.9	1.3	5 级	—
4.75~9.5 mm 旧料	2.855	7.8	—	2.0	5 级	—

表 11.6　旧路面的矿料筛分结果

筛孔/mm	16	13.2	9.5	4.75	2.36	1.18	0.6	0.3	0.15	0.075
级配/%	100	98.6	71.2	33.1	26.4	22.9	19.3	16.5	13.6	10.9

试验结果表明：RAP 中的旧沥青已产生一定程度的老化，需要掺加再生剂恢复性能；旧路面 SMA 混合料矿料级配发生细化，关键筛孔通过率已超出级配上限，需要掺加新矿料进行级配调整。

11.2.2 沥青结合料

本次设计所用的新沥青结合料为 SBS 改性沥青。按照《公路沥青路面施工技术规范》（JTG F40—2004）及工程要求，对沥青样品各项指标进行了检测，检测结果见表 11.7。

表 11.7 SBS 改性沥青各项指标检测结果

检 验 项 目	技术要求	检测结果
针入度（25 ℃，5 s，100 g）/0.1 mm	40~60	55.7
延度（5 ℃）/cm	≥20	32.9
软化点（环球法）/℃	≥60	75.5
沥青旋转薄膜烘箱试验（RTFOT）		
质量变化/%	≤±0.6	0.09
残留针入度比 25 ℃/%	≥65	65.0
残留延度（5 ℃）/cm	≥15	19.2
相对密度	实测	1.026
静放离析软化点差 163 ℃ 48 h/℃	≤2.5	2.0
动力黏度 135 ℃	≤3	1.56
溶解度/%	≥99.0	99.6
闪点（开口式）/℃	≥230	>260
弹性恢复 25 ℃/%	≥80	89

试验结果表明：沥青的各项指标均满足《公路沥青路面施工技术规范》（JTG F40—2004）要求。

11.2.3 粗集料

粗集料主要技术指标和试验结果见表 11.8。

表 11.8 粗集料主要技术指标和试验结果

试验项目	表观相对密度	针片状含量/%	压碎值/%	吸水率/%	与沥青的黏附性	坚固性/%	水洗法（<0.075 mm 颗粒含量）
技术标准	≥2.60	≤12	≤26	≤2.0	≥4 级	—	≤1
9.5~13.2 mm 碎石	2.839	6.3	11.6	1.5	5 级	—	0.76
4.75~9.5 mm 碎石	2.855	7.8	—	2.0	5 级	—	0.92

试验结果表明：粗集料各项技术指标均满足《公路沥青路面施工技术规范》（JTG F40—2004）要求。

11.2.4 细集料

细集料主要技术指标和试验结果见表 11.9。

表 11.9　细集料主要技术指标和试验结果

试验项目	毛体积相对密度	表观相对密度	砂当量/%	亚甲蓝值 MBV/(g·kg⁻¹)	棱角性/s
技术标准	—	≥2.50	≥60	≤25	≥30
0~2.36 mm 机制砂	2.610	2.717	73	4.8	47.5

试验结果表明：细集料各项技术指标均满足《公路沥青路面施工技术规范》（JTG F40—2004）要求。

11.2.5 矿粉

矿粉主要技术指标和试验结果见表 11.10。

表 11.10　矿粉主要技术指标和试验结果

试验项目		技术标准	试验结果
表观密度/(t·m⁻³)		≥2.50	2.676
含水量/%		≤1.0	0.51
粒度范围	<0.6 mm/%	100	100
	<0.15 mm/%	90~100	100
	<0.075 mm/%	70~100	99.8
外观		无团粒结块	无团粒结块

试验结果表明：矿粉的各项技术指标均满足《公路沥青路面施工技术规范》（JTG F40—2004）要求。

11.2.6 稳定剂

采用絮状木质素纤维，相对密度为 1.1。试验结果列于表 11.11。根据旧沥青混合料中纤维的用量、状态进行折减，综合新沥青混合料的使用比例，确定纤维的掺加比例为新沥青混合料质量的 0.4%。

表 11.11　木质素纤维试验结果

指　　标	单　位	技术要求	试验结果
灰分含量	%	18±5	21.7
pH	/	7.5±1	7.2
吸油率，不小于	/	纤维质量的 5 倍	6.5
含水量（以质量计），不大于	%	5	4.2

11.2.7 再生剂

（1）再生剂选用鞍山双成科技有限公司生产的沥青再生剂，各项指标的检测结果见表11.12。

表 11.12　再生剂的各项指标的检测结果

试验项目		试验数据	试验方法
60 ℃黏度/(mm² · s⁻¹)		84.7	SH/T 0654
闪点（开口杯）/℃		230	GB/T 267
25 ℃密度		1.025	GB/T 8928
外观		表面均匀、无分层	观察
饱和分/m%		18.60	SH/T0509
薄膜烘箱试验 (163 ℃, 5 h)	质量变化/m%	−1.19	GB/T 5304
	60 ℃黏度比/%	1.14	SH/T 0654

（2）再生剂掺配比例。再生剂掺配率采用 2.5%，3%，3.5% 和 4% 四个比例，分析其对回收沥青性能的再生恢复情况。将再生剂按上述比例掺入回收沥青进行指标检测，检测结果见表11.13。

表 11.13　再生 SBS 改性沥青三大指标检测结果

再生剂掺量/%	25 ℃针入度/0.1 mm	软化点/℃	5 ℃延度/cm
未掺加	35.6	68.5	9.2
2.5	38.9	64.0	17.1
3.0	40.1	62.5	18.9
3.5	42.6	62.0	21.6
4.0	44.5	61.0	23.7
技术标准	40~60	≥60	≥20

由以上试验结果可以看出，采用 3.5%、4.0% 掺加比例进行再生恢复时，再生沥青的 25 ℃针入度、软化点和 5 ℃延度指标可以满足《公路沥青路面施工技术规范》（JTG F40-2004）中 Ⅰ-D 级 SBS 改性沥青的技术标准。综合技术、经济因素，确定再生剂掺配比例为旧沥青用量的 3.5%。

11.3　配合比设计

为恢复旧沥青混合料（RAP）SMA 的骨架结构以及胶结料的性能，根据其矿料级配，结合工程实践经验，初步确定再生沥青混合料中新沥青混合料与旧沥青混合料（RAP）的比例分别为 15%、85%，在此基础上进行配合比设计。

11.3.1　设计初试级配

按矿料筛分进行组配，以 4.75 mm 为关键筛孔，设计 3 个不同粗细的初试级配，各档矿料的掺配比例见表 11.14，合成矿料级配范围见表 11.15。

表 11.14　初试级配矿料掺配比例

材料规格	9.5~13.2 mm	4.75~9.5 mm	0~3 mm	矿粉	RAP
级配 1	12	2	1	0	85
级配 2	6.6	4.8	2.4	1.2	85
级配 3	4	5.8	4	1.2	85

表 11.15　合成矿料级配范围

筛孔/mm	16.0	13.2	9.5	4.75	2.36	1.18	0.6	0.3	0.15	0.075
合成级配 1	100	96.1	65.8	30.2	23.9	20.5	17.1	14.5	11.5	9.0
合成级配 2	100	96.4	70.3	33	26.1	22.5	18.7	15.9	12.8	10.3
合成级配 3	100	96.6	72.4	34.7	27.3	23.3	19.1	16.1	12.9	10.4
SMA-13 级配范围	100	90~100	50~75	20~34	15~26	14~24	12~20	10~16	9~15	8~12

11.3.2　确定设计级配

按 JTG E20—2011 规程进行马歇尔试验，新矿料加热温度 185 ℃，改性沥青加热温度 170 ℃，RAP 加热温度 140 ℃，沥青混合料拌和温度 160 ℃，试模预热温度 165 ℃，击实温度 150 ℃，击实次数为双面各 50 次。根据工程经验，以油石比 6.0% 为初试油石比，选取三种初试级配进行马歇尔试验，试验结果见表 11.16。根据马歇尔试验结果，按 $VCA_{mix} < VCA_{DRC}$ 的要求，当有 1 组以上的级配同时符合要求时，以粗集料骨架分界集料通过率大且 VMA 较大的级配为设计级配，因此确定级配 2 为设计级配。

表 11.16　初试级配马歇尔试验结果

级配	油石比 /%	毛体积 相对密度	最大理论 相对密度	空隙率 /%	矿料间隙 率/%	VCA_{mix}	VCA_{DRC}
级配 1	6.0	2.398	2.517	4.7	16.3	36.1	42.0
级配 2	6.0	2.427	2.515	3.5	15.2	37.1	41.6
级配 3	6.0	2.438	2.514	3.0	14.8	37.8	41.3

11.3.3　确定最佳油石比

根据确定的设计级配和初试油石比试验结果，以 0.3% 为间隔，按再生沥青混合料 3 个油石比 5.7%、6.0%、6.3%，制作马歇尔试件，试验结果见表 11.17，并绘制马歇尔图 11.1~图 11.6，按期望的设计空隙率 3.5%，油石比为 6.01%。因此，初步确定再生沥青混合料最佳油石比为 6.0%，此时，其余各项体积指标和力学指标均能满足要求。

表 11.17 马歇尔试验结果

油石比/%	5.7	6.0	6.3	设计要求
最大理论相对密度	2.525	2.515	2.505	—
试件毛体积密度	2.418	2.427	2.438	—
空隙率/%	4.3	3.5	2.7	3~4
矿料间隙率/%	15.3	15.2	15.0	≥16.5
沥青饱和度/%	72.2	77.0	82.3	75~85
稳定度/kN	9.0	11.6	13.0	≥6.0
流值/mm	6.8	7.1	7.6	—

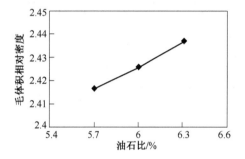

图 11.1 毛体积相对密度与油石比的关系图

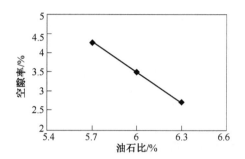

图 11.2 空隙率与油石比的关系图

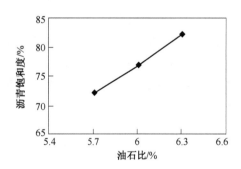

图 11.3 沥青饱和度与油石比的关系图

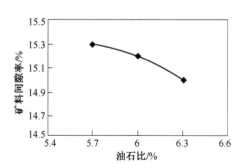

图 11.4 矿料间隙率与油石比的关系图

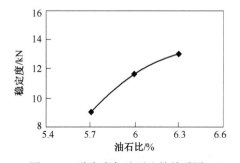

图 11.5 稳定度与油石比的关系图

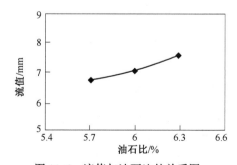

图 11.6 流值与油石比的关系图

11.4　配合比设计检验

■ 11.4.1　高温稳定性检验

按最佳油石比 6.0% 制备车辙试件，进行动稳定度试验，试验结果见表 11.18，满足不小于 3 000 次/mm 的要求。

表 11.18　车辙试验结果

级配类型	油石比/%	试验尺寸/cm	试验温度/℃	试验荷载/MPa	试验轮行走速度/(次·min^{-1})	试件制作方法	动稳定度/(次·mm^{-1})		
SMA-13	6.0	30×30×5	60	0.7	42	碾压成型	单值	5 206	>6 000	>6 000
							平均值	大于 6 000		

■ 11.4.2　水稳定性检验

1. 残留稳定度试验

按最佳油石比 6.0% 制备四组试件，通过马歇尔试验及 48 h 浸水马歇尔试验，进行残留稳定度检验，试验结果见表 11.19，满足 80% 以上的要求。

表 11.19　浸水马歇尔试验结果

试验条件	马歇尔稳定度/kN				平均值	残留稳定度/%
60 ℃，0.5 h	13.00	11.36	11.48	10.32	11.54	90.2
60 ℃，48 h	11.60	10.18	10.83	9.04	10.41	

2. 冻融劈裂试验

按最佳油石比 6.0% 制备 4 组试件，进行冻融劈裂试验，试验结果见表 11.20，满足 80% 以上的要求。

表 11.20　冻融劈裂试验结果

油石比/%	试验条件	劈裂强度/MPa				平均值	冻融劈裂强度比/%
6.0	冻融	1.34	1.51	1.35	1.46	1.42	90.4
	未冻融	1.61	1.52	1.59	1.56	1.57	

■ 11.4.3　低温抗裂性能检验

按照设计级配和最佳油石比拌和沥青混合料，并采用轮碾法成型试件，并切割为 250 mm× 30 mm×35 mm 的小梁试件，在 MTS 上测定小梁的低温弯曲破坏应变，试验温度为 −10 ℃± 0.5 ℃，加载速率为 50 mm/min。具体试验结果见表 11.21。

表 11.21　低温弯曲试验结果

试验序号	1	2	3	平均值	规范要求
破坏应变（με）	2 659	2 763	2 746	2 722	≮2 500

▌11.4.4　析漏试验

按最佳油石比 6.0% 进行谢伦堡沥青析漏试验，试验结果见表 11.22，满足不大于 0.1% 的要求。

表 11.22　谢伦堡沥青析漏试验结果

油石比/%	析漏损失/%	技术要求/%
6.0	0.06	≤0.1

▌11.4.5　飞散试验

按最佳油石比 6.0% 制备马歇尔试件，进行飞散试验，试验结果见表 11.23，满足不大于 15% 的要求。

表 11.23　飞散试验结果

油石比/%	飞散损失/%	技术要求/%
6.0	6.4	≤15

▌11.4.6　构造深度、渗水系数试验

按照最佳油石比 6.0%，各制备两个尺寸为 300 mm×300 mm×50 mm 的试件，按照 T 0730—2011 和 T 0731—2011 的试验方法进行构造深度和渗水系数试验，具体试验结果见表 11.24。

表 11.24　抗滑性能及渗水系数试验结果

试验项目	技术要求	试件 1				试件 2			
		1次	2次	3次	平均值	1次	2次	3次	平均值
构造深度/mm	≮0.80	0.11	0.12	0.11	0.11	0.13	0.12	0.12	0.12
渗水系数/(mL·min⁻¹)	≥80	不渗水	不渗水	不渗水	不渗水	不渗水	不渗水	不渗水	不渗水

11.5　配合比设计总结

通过 RAP、原材料试验、矿料级配设计、油石比确定和配合比设计检验，综合分析再生沥青混合料的各项试验数据，确定本次 SMA-13 再生沥青混合料的配合比设计结果，见表 11.25，具体如下。

（1）SMA-13 再生沥青混合料最佳油石比为 6.0%。

（2）新沥青混合料与旧沥青混合料的使用比例 15%：85%。

（3）新沥青混合料的矿料使用比例为 9.5~13.2 mm：4.75~9.5 mm：0~3 mm：矿粉 = 44：32：16：8，油石比为 5.8%，纤维掺加比例为新沥青混合料质量的 0.4%。

（4）旧沥青路面热再生过程中再生剂的掺量为旧沥青用量的 3.5%，沥青的掺量为新矿料的 0.2%。

表 11.25　SMA-13 热再生沥青混合料配合比设计结果

混合料类型	新沥青混合料						旧沥青混合料		
配合比	15%						85%		
	9.5~19 mm	4.75~9.5 mm	机制砂	矿粉	油石比[3]	纤维	RAP	再生剂[4]	沥青量[4]
	44%	32%	16%	8%	5.8%	0.4%	100%	3.5%	0.2%
最佳油石比/%	6.0								
备注	—								

第四部分 沥青路面冷再生技术的工程实践

■ 第 *12* 章 ■

冷再生混合料的配合比设计

12.1 原材料试验

12.1.1 矿料试验

本次采取水洗筛分试验所用原材料有粗集料、细集料和矿粉。针对各种原材料依据相关规范分别进行检验测定。

1. 粗集料

沥青层用粗集料是指粒径大于 2.36 mm 的碎石、破碎砾石、筛选砾石、钢渣、矿渣等。粗集料必须具有生产许可证的采石场生产或施工单位自己加工。粗集料表面应该洁净、干燥、表面粗糙，质量应符合相关规范的规定。本次设计采用了 10~20 mm、10~15 mm、5~10 mm 三种不同的粗集料。

2. 沥青路面回收材料

本次设计使用了 10~20 mm 以及 0~10 mm 两种回收料。

3. 矿粉

沥青混合料的矿粉必须采用石灰岩或岩浆岩中的强基性岩石等憎水性石料经细磨得到的矿粉，原石料中的泥土杂质应除尽。矿粉应干燥、洁净，能自由地从矿粉仓流出，其质量应符合相关规范的规定。在沥青混合料中矿粉起着填料作用。

4. 细集料

沥青路面的细集料是指粒径小于 2.36 mm 的天然砂、机制砂、石屑。细集料必须由具有生产许可证的采石场、采砂场生产。细集料应洁净、干燥、无风化、无杂质，并有适当的颗粒级配，其质量应符合相关规范的规定。本次设计我们采用了 0~3 mm 以及 0~5mm 的石屑。

5. 试验仪器

试验套筛、天平、托盘、毛刷等。

6. 试验步骤

（1）取一份试样，将试样置于 105 ℃±5 ℃烘箱中烘干至恒重，称取干燥集料试样的总质量（m_3），准确至 0.1%。

（2）将试样置一洁净容器中，加入足够数量的洁净水，将集料全部淹没，但不得使用任何洗涤剂、分散剂或表面活性剂。

（3）用搅棒充分搅动集料，使集料表面洗涤干净，使细粉悬浮在水中，但不得破碎集料或有集料从水中溅出。

（4）根据集料粒径大小选择组成一组套筛，其底部为 0.075 mm 标准筛，上部为 2.36 mm 或 4.75 mm 筛。仔细将容器中混有细粉的悬浮液倒出，经过套筛流入另一容器中，尽量不将粗集料倒出，以免损坏标准筛筛面。

注意：无须将容器中的全部集料都倒出，只倒出悬浮液。且不可直接倒至 0.075 mm 筛上，以免集料掉出损坏筛面。

（5）重复以上步骤（2）～（4），直至倒出的水洁净为止，必要时可采用水流缓慢冲洗。

（6）将套筛每个筛子上的集料及容器中的集料全部回收在一个搪瓷盘中，容器上不得有黏附的集料颗粒。

（7）在确保细粉不散失的前提下，小心泌去搪瓷盘中的积水，将搪瓷盘连同集料一起置于 105 ℃±5 ℃烘箱中烘干至恒重，称取干燥集料试样的总质量（m_4），准确至 0.1%。以 m_3 与 m_4 之差作为 0.075 mm 的筛下部分。

（8）将回收的干燥集料按干筛方法筛分出 0.075 mm 筛以上各筛的筛余量，此时 0.075 mm 筛下部分应为 0，如果尚能筛出，则应将其并入水洗得到的 0.075 mm 的筛下部分，且表示水洗得不干净。

根据《公路工程集料试验规程》（JTG E42—2005）的步骤，依次对集料进行水洗筛分，得到的结果见表 12.1。

表 12.1　集料筛分结果

材料名称	筛孔尺寸/mm												筛底（矿粉）
	26.5	19	16	13.2	9.5	4.75	2.36	1.18	0.6	0.3	0.15	0.075	
	通过百分率/%												
RAP10-20	100	100	99	98.6	92.4	64.2	36.3	25.3	15.8	9.8	6.4	5.2	0
RAP0-10	100	100	100	98.3	94.7	71	39	25.2	14.3	6.6	3.4	2	0
0-3	100	100	100	100	100	99.6	83	63.8	48.6	35.4	26.2	23.2	0
新料 10-20	100	54.6	6.6	0.6	0	0	0	0	0	0	0	0	0
新料 10-15	100	100	100	83.3	18.9	2.5	2.1	0	0	0	0	0	0
新料 5-10	100	100	100	100	94.3	11.8	1.2	0	0	0	0	0	0
矿粉	100	100	100	100	100	100	100	100	100	100	100	80	0

12.1.2　乳化沥青试验

测定乳化沥青固含量的方法有以下三种，经过比较直接加热蒸发法比较简单易行，为了降低主观因素的误差，采用平行试验取平均值，最终确定所用乳化沥青的固含量。

1. 乳化沥青固含量测试直接加热蒸发法

《公路工程沥青及沥青混合料试验规程》（JTG E20—2011）中规定的乳化沥青蒸发残留物含量试验方法（T0651—1993）是参照日本道路协会铺装试验方法制定的。利用电炉、燃气炉对乳化沥青加热，通过不断搅拌防止局部老化，人工观察确认试样中水分完全蒸发。直接加热法简单易行，但主观影响大，试验过程中升温速率、加热温度、加热终止的控制，均缺乏标准。

2. 乳化沥青固含量测试蒸馏法

ASTM D244 蒸馏法，乳化沥青倒入特制的铝合金容器中，在 260 ℃ 的温度下蒸馏 15 min（对于改性乳化沥青，蒸馏温度降为 204 ℃），从而实现乳化沥青中水与沥青的分离。

3. 乳化沥青固含量测试烘箱加热蒸发法

ASTM D244 蒸发法将乳化沥青放入 163 ℃±2.8 ℃ 的烘箱中加热 2 h，取出并彻底搅拌，再放入烘箱中加热 1 h 后取出，进行残留物的指标测定。

经过试验测得乳化沥青中沥青的含量为 65%。

12.2　级　配　设　计

根据各种集料的筛分结果，依据《公路沥青路面施工技术规范》（JTG F40—2004）中 AC 型沥青混合料级配参考范围，计算混合料的合成级配，并对合成级配做一定调整，将合成级配调整到级配中值偏下位置。

矿质混合料配合组成设计过程如下。

12.2.1　确定矿质混合料级配范围

根据规范确定级配范围，见表 12.2。

表 12.2　级配范围

材料名称	筛孔尺寸/mm	26.5	19	16	13.2	9.5	4.75	2.36	1.18	0.6	0.3	0.15	0.075	筛底
AC-20 级配范围	最大	100	100			80	65	50			21		8	0
	中值	100	95			70	50	35			12		5	0
	最小	100	90			60	35	20			3		2	0

12.2.2　计算混合料的合成级配

根据矿料的通过率与级配方案为表计算混合料的合成级配，见表 12.3。

表 12.3　合成级配

再生料的级配		合成级配 1	筛孔尺寸/mm												
			26.5	19	16	13.2	9.5	4.75	2.36	1.18	0.6	0.3	0.15	0.075	筛底（矿粉）
			通过百分率/%												
水筛	RAP10-20	18.5	100	100	99	98.6	92.4	64.2	36.3	25.3	15.8	9.8	6.4	5.2	0
	RAP0-10	22	100	100	100	98.3	94.7	71	39	25.2	14.3	6.6	3.4	2	0
	0-5	20	100	100	100	100	100	99.2	61.5	38.2	22.6	13	10.2	8.5	0
	新料 10-20	10	100	54.6	6.6	0.6	0.6	0.6	0.6	0.6	0.6	0.6	0.6	0.6	0
	新料 10-15	15	100	100	100	83.3	18.9	2.5	2.1	2.1	2.1	2.1	2.1	2.1	0
	新料 5-10	10	100	100	100	100	94.3	11.8	1.2	1.2	1.2	1.2	1.2	1.2	0
	水泥（矿粉 3% 通过率 80%）	4.5	100	100	100	100	100	100	100	100	100	100	100	99.6	0
合成级配 1（mm）		100	100	95.46	90.47	86.92	74.75	53.45	32.6	22.85	15.58	10.86	8.97	8.08	0

因此，确定乳化沥青冷再生混合料的配合比为 15% 的 RAP10-20、15% 的 RAP0-10、15% 的 0-3、17% 的 10-20、25% 的 10-15、11.5% 的 5-10 以及 1.5% 的水泥。并分别按 3.5%、4.0%、4.5% 的预定油石比制作三组乳化沥青冷再生混合料。

12.3　最佳含水量的确定

使用重型击实试验确定最佳含水率，试验前按 4%、5%、6%、7%、8% 的含水率进行混合料的拌和。

仪器设备：烘箱、天平、轻型击实仪、金属盘、土铲、量筒、铝盒、平直尺等。

试验步骤：

（1）按照预先设定的含水率进行混合料的拌和。

（2）充分搅和并分别装入塑料袋中静置 24 h 备用。

（3）将击实筒放在坚实的地面上，装好护筒，并在击实筒内涂一薄层润滑油，将搅和好的试样分层装入击实筒内。

（4）取下导筒，用刀修平超出击实筒顶部和底部的试样，擦净击实筒外壁，称击实筒与试样的总质量，准确至 1 g。

（5）用顶土器将试样从击实筒中推出，从试样中心处取样测定土的含水量。

表 12.4　击实试验记录

拌水率/%	4	5	6	7	8
筒+土 /g	4 200	4 210	4 287	4 251	4 275
筒/g	2 062	2 062	2 062	2 062	2 062
湿土/g	2 138	2 148	2 225	2 189	2 213

续表

湿密度/(g/cm³)	2.14	2.15	2.23	2.20	2.22
干密度/(g/cm³)	2.05	2.05	2.12	2.069	2.067
湿土质量（取样）/g	243	258	242	253	246
干土质量（取样）/g	233	246	230	238	229
水质量/g	10	12	12	15	17
含水率/%	4.3	4.9	5.2	6.3	7.4

由以上试验结果确定，击实试验最佳含水率为 5.2%，最大干密度为 2.12。

12.4 确定最佳油石比

■ 12.4.1 制作马歇尔试件

使用 AC-20 的乳化沥青冷再生混合料，以 4% 为中间值，前后各取 3.7% 与 4.3%，每个油石比制作 4 个马歇尔试件。

1. 使用的仪器

马歇尔自动击仪、套筒、托盘、自动拌和锅、铲子、托盘等。

2. 制作步骤

（1）将拌好的乳化冷再生沥青混合料，均匀称取一个试件所需的用量标准马歇尔试件约 1 220 g。当一次拌和几个试件时，宜将其倒入金属盘中，用小铲适当拌和均匀分成几份，分别取用。

（2）取出试模套筒，用蘸有少许黄油的棉纱擦拭套筒、底座及击实锤底面，将试模装在底座上，垫一张圆形的吸油性小的纸，按四分法从 4 个方向用小铲将混合料铲入试模中，用插刀沿周边插捣 15 次，中间 10 次。插捣后将沥青混合料表面整平成凸圆弧面。

（3）将试模连同底座一起放在击实台上固定，在装好的混合料上面垫一张吸油性小的圆纸，再将装有击实锤及导向棒的压实头插入试模中，然后开启电动机或人工将击实锤从 457 mm 的高度自由落下击实规定的次数 50 次。

（4）试件击实一面后，取下套筒，将试模调头，装上套筒，然后以同样的方法和次数击实另一面。

（5）两面击实后，将试件连同试模置温度为 60 ℃ 的烘箱中养生 24 h。将养生试件取出后再立即两面锤击各 25 次。

（6）试件击实结束后，立即用镊子取掉上下面的纸，用卡尺量取试件离试模上口的高度并由此计算试件高度，如高度不符合要求时，试件应作废，并按下式调整试件的混合料质量，以保证高度符合 63.5 mm±1.3 mm 或 95.3 mm±2.5 mm 的要求。调整后混合料质量 =（要求试件高度×原用混合料质量）/所得试件的高度。

（7）卸去套筒和底座，将装有试件的试模横向放置冷却至室温后，置脱模机上脱出试件。

根据规范《公路工程沥青及沥青混合料试验规程》（JTG E20—2011）的要求高度应符合
63.5 mm±1.3 mm。使用游标卡尺对每个试件进行 4 次测量并记录数据。经测量试件的高度见
表 12.5。

表 12.5 马歇尔试件高度表

油石比	编号	马歇尔试件高度				平均高度	试件空中质量 *mg/g*
3.70%	1	63.06	63.36	63.58	63.60	63.40	1 133
	2	62.60	62.80	63.24	63.32	62.99	1 132
	3	63.80	63.80	63.40	63.36	63.59	1 126
	4	63.06	62.36	63.20	63.40	63.05	1 140
4.00%	1	62.30	62.26	62.04	62.32	62.23	1 137
	2	62.98	62.80	62.20	62.40	62.59	1 143
	3	62.20	62.36	62.56	61.80	62.23	1 131
	4	62.40	62.86	62.20	62.26	62.43	1 142
4.30%	1	63.66	63.56	63.40	63.74	63.59	1 144
	2	63.60	63.42	63.70	63.40	63.53	1 146
	3	63.20	63.32	61.22	63.30	62.76	1 141
	4	63.20	63.40	63.22	63.26	63.27	1 146

12.4.2 浸水马歇尔试验

1. 试验目的

以进行沥青混合料的配合比设计或沥青路面施工质量检验。浸水马歇尔稳定试验供检验
沥青混合料受水损害时抵抗剥落的能力时使用，通过测试其水稳定性检验配合比设计的可
行性。

2. 仪器设备

沥青混合料马歇尔试验仪、恒温水槽等。

3. 试验步骤

（1）按标准击实法成型马歇尔试件，选取尺寸符合《公路工程沥青及沥青混合料试验规
程》（JTG E20-2011）的规定，一组试件的数量 4 个。

（2）按《公路工程沥青及沥青混合料试验规程》（JTG E20-2011）规定的方法先测定试
件的密度、计算有关物理指标。

（3）将恒温水槽调节至要求的试验温度（25 ℃）。

（4）将每组试件 1# 与 2# 置于已达规定温度的恒温水槽中保温 23 h。

（5）将每组的所有试件在 15 ℃的水中浸泡 1 h。

（6）当采用自动马歇尔试验仪时，连接好接线。启动加载设备，使试件承受荷载，加载
速度为 50 mm/min±5 mm/min。

4. 试验结果

浸水马歇尔试验结果见表 12.6。

表 12.6　浸水马歇尔试验结果

油石比	编号	试件空中质量/g	试件的空隙率（VV）	15 ℃劈裂	浸水 24 h 劈裂强度/MPa
3.70%	1	1 133	12.0		3.46
	2	1 132	11.2		2.77
	3	1 126	12.3	2.65	
	4	1 140	13.7	3.17	
4.00%	1	1 137	12.9		3.17
	2	1 143	14.0		4.13
	3	1 131	13.7	3.61	
	4	1 142	14.8	3.52	
4.30%	1	1 144	13.9		3.36
	2	1 146	13.9		3.52
	3	1 141	13.5	3.84	
	4	1 146	14.7	3.13	

第*13*章

施工工艺与操作要点

13.1　施工工艺流程

施工工艺流程图见图 13.1。

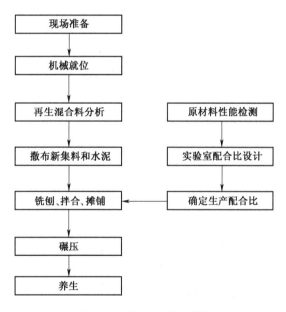

图 13.1　施工工艺流程图

13.2　操　作　要　点

13.2.1　现场准备

1. 测量、放线

根据设计图纸对路线中心线、边线进行测量放线。在路线两旁布设临时水准点，每隔

100 m 左右设置一个，便于施工时就近对路面进行标高复核。

2. 材料准备

施工前应以"批"为单位，检查冷再生所涉及的所有沥青、集料、矿粉、水泥等材料的来源和质量，材料的各项指标应满足设计文件要求，不符合要求的材料不得使用。

3. 设备检查

施工前应对冷再生工程使用的冷再生机、压路机、各类罐车等进行系统检查，确定各设备处于良好的工作状态。

4. 原路面准备

按照交通组织设计封闭交通，清除原路面上的杂物，根据再生厚度、宽度、干密度等计算每 m² 新集料、水泥等用量，均匀撒布。

▌13.2.2 再生混合料分析

现场铣刨拌和一段未掺加水泥的旧路面，现场均衡取料，通过对铣刨拌和料的筛分及击实试验，确定粒料的最大干密度、最佳含水量等参数，根据室内试验确定掺加乳化沥青和水泥的剂量，并调整和确定铣刨机的转子转速和冷再生机的行走速度等工艺参数。

▌13.2.3 撒布新集料和水泥

采用水泥稀浆车撒布水泥，根据水泥用量、车体宽度、水泥出量计算车辆行进速度，可以提高施工效率。

新集料的摊铺厚度按照以下公式计算。

$$h = \frac{M \times \gamma}{b \times \rho} \tag{13.1}$$

式中　h——新集料摊铺厚度，m；

　　　M——冷再生料的质量，kg；

　　　γ——新集料占冷再生料的质量比例，%；

　　　ρ——冷再生料的密度，%。

新集料在撒布之后，必须采用压路机进行压实。

▌13.2.4 再生（铣刨、拌和、摊铺）

再生的步骤有以下几点。

（1）在施工起点处将施工机具顺次首尾连接，即水罐车+沥青罐车+再生机，连接相应管路。

（2）启动施工设备，按照设定的再生深度进行铣刨、拌和、摊铺。避免转子刺入设计再生深度以下的劣质材料，以免影响最后的再生质量。铣刨时，再生机组必须缓慢、均匀、连续地进行再生作业，再生施工速度宜为 3~8 m/min，不得随意变更速度或者中途停顿。

再生施工速度不仅关系到施工效率，而且会对混合料性能产生比较明显的影响。施工速度越快，RAP 级配越粗；施工速度越慢，RAP 速度越慢。施工速度不稳定，必然会造成材料离散性变大。

现场技术人员根据经验判断冷再生料是否符合设计要求，用手抓取混合料，攥紧成团，落地散开表明含水量基本合适；攥紧不成团表明含水量偏小；攥紧有液体渗出则表明含水量偏大。若明显感觉出含水量和乳化沥青含量偏小或偏大，应综合现场实际情况及原试验室配比等因素进行适当调整。

（3）单幅再生至一个作业终点后，将再生机和罐车倒至施工起点，进行第二幅施工，直至完成全幅作业面的再生。

13.2.5　压实

碾压是冷再生施工的关键环节，对冷再生成型及强度起到至关重要的作用。要达到最佳碾压效果必须从两方面来控制：一是混合料含水量必须达到最佳压实含水量要求，二是碾压设备的吨位和碾压遍数要足够。初压可采用双钢轮压路机静压 1~2 遍，然后用高幅低频的方式振动碾压 1~2 遍。复压用大吨位的轮胎压路机碾压 6 遍。终压采用双钢轮压路机碾压，以消除轮迹。压路机碾压时可喷少量的水雾，以防止压路机黏轮。充分压实的冷再生混合料总空隙率在 9%~14%。

13.2.6　养生

养生期间应封闭交通，半柔性结构层冷再生成型后，需再进行 7 d 的洒水养护，洒水车应匀速行驶，不准急停、调头，要确保洒到基层表面的每一个部位，保证养生段落内时刻保持湿润状态，特别是前 4 d，以使乳化沥青半柔性基层形成强度。

13.2.7　质量检验

上述实体工程完成后，按照《公路工程质量检验评定标准》（JTG F801—2017）、《公路路基路面现场测试规程》（JTG E60—2008）对再生路面结构层进行了检测，结果完全符合设计和规范要求。

第五部分 全深式冷再生技术与工程实践

■ **第 14 章** ■

水泥冷再生路面材料组成设计

在路面结构中被用作路面基层的冷再生材料，要求能够承受自然因素和交通荷载的反复作用。即要求冷再生基层要在设计使用年限内，在预定设计当量轴次的反复作用下，不会产生过多的残余变形，不会产生弯拉疲劳破坏或剪切破坏。路面基层要满足上述要求，除了足够的厚度要求外，还取决于基层材料本身的组成结构及性能。

14.1 铣刨料特性分析及配合比设计

14.1.1 铣刨料压碎值

压碎值试验的目的是用于测定旧路面铣刨料抵抗压碎的能力，以评价其力学性质，评定其在工程中的适应性。

对旧路面铣刨料按 JTG E60—2008 规程要求做压碎值试验，分别取 3 组粒径为 9.5 ~ 13.2 mm（试验标准要求）铣刨料 3 000 g 左右进行试验，压碎值试验结果见表 14.1。

表 14.1 旧路面铣刨料压碎值试验结果

组别	试验条件	试样质量/g	压碎后筛余质量/g	压碎值/%	平均值	规范要求的压碎值/% 二级和二级以下公路 基层	规范要求的压碎值/% 二级和二级以下公路 底基层
1	加荷时间为 10 min，加荷荷载为 400 kN	2 921	2 239	23%	23%	≤35	≤35
2		2 893	2 221	23%			
3		2 837	2 199	22%			

由表 14.1 可知，旧路铣刨料的压碎值小于 25%，完全满足《公路路面基层施工技术规

范》（JTJ 034—2015）水泥稳定类中的所有等级公路压碎值的指标要求。

14.1.2　铣刨料的颗粒级配

测定旧路面铣刨料的颗粒级配及粗细程度，以评定其工程适应性，为其配合比设计提供原始数据。采用水筛法作筛分试验，其筛分结果见表 14.2。

表 14.2　旧路面铣刨料筛分结果

筛孔尺寸/mm	分计筛余质量/g	分计筛余百分率/%	累计筛余/%	通过率/%	级配上限/%	级配下限/%
37.5	0	0	0	100	100	90
31.5	0	0	0	100	100	78
26.5	82.38	1.74	1.74	98.26	100	66
19	321.95	6.81	8.55	91.45	100	54
9.5	1 529.28	32.33	40.88	59.12	100	39
4.75	860.61	18.19	59.07	40.93	84	28
2.36	601.52	12.72	71.79	28.21	70	20
1.18	342.95	7.25	79.04	20.96	57	14
0.6	390.83	8.26	87.3	12.7	47	8
0.075	465.52	9.84	90.16	2.86	30	0
筛底	135.33	2.86	97.14	0		
筛后总质量/g	4 730.37					
筛前试样质量/g	4765					
损耗/g	34.63					
损耗率/%	0.73					

根据旧路面铣刨料筛分试验结果和《公路路面基层施工技术规范》（JTJ034—2015）规定的水泥稳定类、二级及二级以下公路的底基层级配范围，绘制铣刨料颗粒级配和规定级配范围关系如图 14.1 所示。

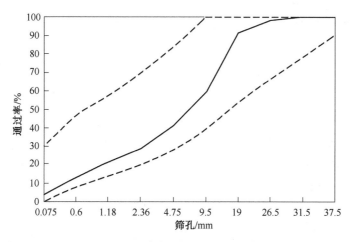

图 14.1　二级及二级以下公路底基层级配范围和铣刨料颗粒级配曲线

结论：

（1）旧路面铣刨料的颗粒级配符合水泥稳定类二级及二级以下公路底基层规定级配要求（图 14.1）。

（2）图 14.1 中虽然 0.6 mm 以下筛孔细料通过率接近于级配下限，但考虑到其用于较低等级公路基层，重交通较少，用水泥进行稳定后，完全可以满足路面使用性能。

14.1.3　水泥冷再生粒料的配合比设计

不改变铣刨料级配，直接采用水泥稳定（掺加 3.5%、4.5%、5.5% 的水泥剂量），通过击实试验及 7 d 无侧限抗压强度试验确定铣刨料的最佳含水率、最大干密度和最佳水泥用量。

水泥采用山东宁阳鲁珠集团有限公司产 P.C32.5 水泥，其水泥详细技术指标见表 14.3。水泥冷再生粒料试验结果如表 14.4 及图 14.2~图 14.4 所示。

表 14.3　P.C32.5 强度等级水泥技术指标

水泥细度/%	凝结时间/min		安定性	抗压强度/MPa		抗折强度/MPa	
	初凝时间	终凝时间		3 d	28 d	3 d	28 d
1.4	255	390	合格	25.9	42.5	5.4	7.5
备注	依据 GB 175—2007，符合规范要求						

表 14.4　水泥冷再生粒料力学指标试验结果

	水泥剂量/%	3.5	4.5	5.5
击实结果	最大干密度/(g·cm⁻³)	2.13	2.15	2.16
	最佳含水率/%	6.7	7.0	7.0
7 d 无侧限抗压强度/MPa		3.64	4.60	5.50

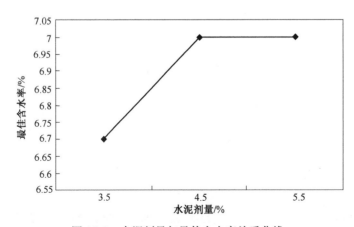

图 14.2　水泥剂量与最佳含水率关系曲线

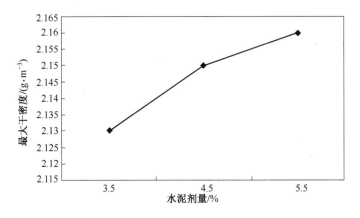

图 14.3　水泥剂量与最大干密度关系曲线

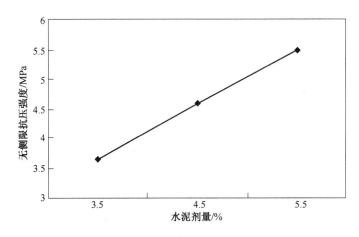

图 14.4　水泥剂量与无侧限抗压强度关系曲线

结论：

（1）水泥冷再生粒料的无侧限抗压强度满足二级及二级以下公路基层、底基层指标要求（表 14.3 和表 14.4）。说明水泥冷再生粒料可直接用于二级公路和二级以下公路的基层和底基层。

（2）由图 14.2 和图 14.3 可以看出，随着水泥剂量的增加，最佳含水率和最大干密度也在不断增加。这是由于随着水泥剂量的增加，水化反应所需的水在不断增加，并且水泥自身密度要大于混合料密度。

（3）考虑旧路铣刨料颗粒级配情况，从图 14.1 中分析，旧路铣刨料的颗粒级配完全符合水泥稳定类二级公路和二级以下公路的基层及底基层规定要求，再结合表 14.4 中无侧限抗压强度进行综合分析，冷再生水泥稳定底基层采用碎石 0~31.5 mm（冷再生）、水泥（外掺）比例为 100∶4.5，最佳含水率为 7.0%，最大干密度为 2.15 g/cm³，7 d 无侧限抗压强度为 4.60 MPa。

14.2 水泥冷再生粒料性能

14.2.1 抗干缩性能

水泥稳定粒料的干燥收缩是由于其内部含水率的变化而引起整体宏观体积收缩的现象。

按 14.1.3 确定的配合比制备 100 mm×100 mm×400 mm 的梁试件,同时制备相同配合比的同级配水泥稳定碎石试件,与水泥冷再生粒料形成比对试验。试件成型后在标准温度与湿度下养生 7 d 后,将饱水后的试件表面水擦干。

取出试件,将试件长轴端磨平并在端面上使用 502 胶黏结有机玻璃片,待 502 胶凝结后将千分表夹具固定在收缩仪上,在收缩仪上安放涂有润滑剂的玻璃棒,使试件在收缩时减少与收缩仪的摩擦。收缩仪连同试件一起放入干缩室内,将千分表头顶到有机玻璃片上,使表针走动到较大数值,一批试件都架好后使千分表指针归零。安装后效果如图 14.5 所示。

图 14.5 干缩试验

干缩试验结果见表 14.5。

表 14.5 干缩试验结果

级配类型	水泥剂量/%	平均干缩系数/（×10⁻⁶）
水泥冷再生粒料	4.5	129
水泥稳定碎石	4.5	203

由表 14.5 可以看出,水泥冷再生粒料的干缩系数小于同级配水泥稳定碎石的干缩系数。主要是因为沥青的存在使得水泥冷再生粒料内部的毛细孔隙减少,甚至有一部分会变成封闭孔隙,经过水泥稳定处置后,随着水化产物的增加,其内部孔隙会进一步减少,使得水泥冷再生粒料内部的水分难以蒸发,因而导致水泥冷再生粒料具有良好的抗干缩性能。

14.2.2　抗温缩性能

水泥冷再生粒料的温度收缩是指不同矿物颗粒组成的固相、液相和气相在降温过程中相互作用的结果，从而使冷再生混合料产生体积收缩。其温度收缩裂缝可分为两种，一是在较大温度差下收缩应变超过极限拉应变时出现的裂缝，二是在温度差的反复作用下形成的温度疲劳性开裂。

存在于基层材料内部的较大孔隙、毛细孔和凝胶孔中的水通过"扩张作用""表面张力作用"和"冰冻作用"三个作用过程，对基层材料的温度收缩性质产生极大的影响，使基层材料在干燥和饱水状态下有较小的温度收缩值，而在一般含水量下有较大的温度收缩值。

成型 100 mm×100 mm×400 mm 的中梁，同时制备相同配合比的同级配水泥稳定碎石试件，与水泥冷再生粒料形成比对试验。然后置于 20 ℃±2 ℃，相对湿度大于 95% 的环境中进行养生，将到达 7 d 龄期的试件放入温度为 105 ℃ 的烘箱中烘 10～12 h。

由于试件表面比较粗糙，不利于粘贴应变片，因此在烘干前应在试件两个对应侧面上的预定贴片区用水泥净浆薄涂一层，试件烘干后需要对涂层进行打磨，打磨的标准是涂层能够填充试件表面的孔隙或坑槽，但不能成层。用铅笔和直尺打出试件两侧的长和宽方向的中轴线，供贴应变片参照。取两个电阻应变片，分别在底面涂上应变胶，并立即粘于试件两侧表面，压上塑料纸排去应变片与试件之间的气泡。应变片在长和宽两个方向均应位于试件中轴线上，如图 14.6 所示。

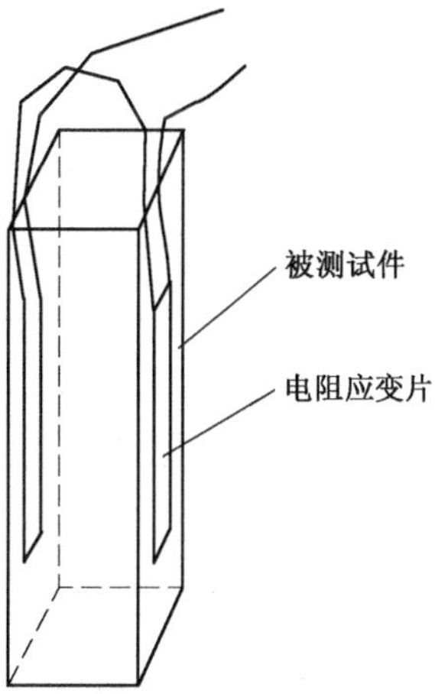

被测试件

电阻应变片

图 14.6　已粘贴好应变片的试件

温缩性能试验结果如图 14.7 所示。

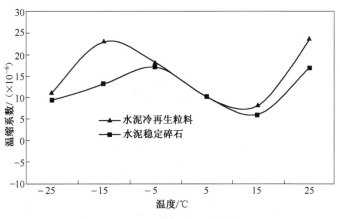

图 14.7　温缩性能试验结果

14.2.3　劈裂强度

为了进一步研究水泥稳定旧沥青路面材料粒料的强度变化规律，按规范《公路工程沥青及沥青混合料试验规程》（JTG E20—2011）要求成型 26 个 150 mm×150 mm 的圆柱体试件，经标准养生后，13 个测其 7 d 龄期劈裂强度，其余测其 28 d 龄期劈裂强度。具体试验结果见表 14.6。

表 14.6　水泥冷再生粒料劈裂强度

编号	水泥剂量/%	干密度 /(g·cm⁻³)	含水率 /%	各龄期的强度试验结果/MPa	
				7 d	28 d
1	4.5	2.151	7.01	0.241	0.498
2	4.5	2.153	7.02	0.237	0.459
3	4.5	2.152	6.98	0.244	0.473
4	4.5	2.151	6.99	0.235	0.481
5	4.5	2.154	7.03	0.141	0.493
6	4.5	2.148	7.00	0.247	0.491
7	4.5	2.148	7.04	0.243	0.488
8	4.5	2.150	7.03	0.239	0.489
9	4.5	2.151	7.09	0.236	0.295
10	4.5	2.152	6.97	0.142	0.497
11	4.5	2.151	6.94	0.243	0.487
12	4.5	2.147	7.08	0.239	0.498
13	4.5	2.149	7.05	0.241	0.492
平均值/MPa	4.5	2.150	7.00	0.240	0.487

注：剔除异常数据后，7 d 龄期的劈裂强度为 0.240 MPa，28 d 龄期的劈裂强度为 0.487 MPa。

14.2.4　抗冲刷性能

在道路使用过程中半刚性基层材料的冲刷及由此而产生的唧泥现象是经常发生的，随交通量和汽车轴载的增加，这种破坏现象也在加剧。水泥冷再生粒料是作为路面基层使用的，因此有必要对冷再生混合料的抗冲刷性能进行研究。

1. 冷再生混合料冲刷机理

冷再生混合料的水稳性指材料在静态水、压力水和流动水的作用下保持稳定的性能。沥青路面修筑完成后，路表总会产生裂缝，水会通过裂缝进入结构层内。进入的这部分水如果滞留在面层和基层的交界面上，就会使基层局部潮湿甚至达到饱水状态；自由水在行车荷载作用下会产生相当大的动水压力，这种有压力的水会不断冲刷基层材料中的细料，基层材料经行车荷载的反复多次冲刷后会形成细料浆。久而久之，细料浆在行车荷载作用下被挤压出裂缝，形成唧浆现象。

2. 试验方法

为了能较好地反映出材料的抗冲刷能力，课题组采用将试验时间 45 min 分三个时段，每个时段 15 min 进行试验。试验中先对试件进行预冲刷，减小因试件表面的薄弱层可能造成的试验误差。根据以前的研究，预冲刷时间选用 3 min。

3. 试验结果及分析

为了评价水泥冷再生粒料的抗冲刷性能，采用 MTS 试验机进行抗冲刷试验，并与相同配合比的同级配水泥稳定碎石进行比对试验，冲刷试验装置与试验状态如图 14.8 所示，试验结果见表 14.7。

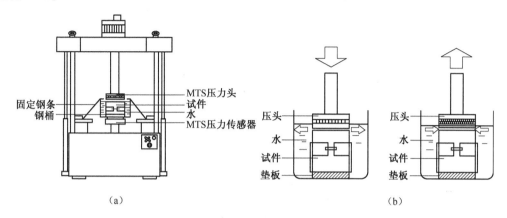

（a）　　　　　　　　　　　　　　　　　　　　　（b）

图 14.8　冲刷试验装置与试验状态

（a）冲刷试验装置；（b）冲刷试验状态

表 14.7　冲刷试验结果

试验时间 /min	28 d 龄期累计冲刷量/g		单位时间内冲刷率/g·min⁻¹	
	水泥稳定碎石	水泥冷再生粒料	水泥稳定碎石	水泥冷再生粒料
3（预冲刷）	9.73	2.75	3.24	0.92
15	33.42	23.70	2.23	1.58
30	68.25	47.98	2.28	1.60
45	78.58	69.56	1.75	1.55

注：表中累计冲刷量为去掉预冲刷的冲刷量，冲刷率为累计冲刷量与累计冲刷时间的比值。

由表 14.7 可以看出，在设定的 3 min 预冲刷时间内，规范级配的新料单位时间内的冲刷率大于正式冲刷率。把最开始的不稳定因素排除掉，即排除试验中前 3 min 的冲刷量，然后再测量其冲刷量，可以更有效地比较不同基层材料的抗冲刷性能。扣除预冲刷时间，计算出单位时间内的冲刷率在整个时间段的变化不大，因此建议冷再生材料抗冲刷性能的评价指标采用 30 min 的单位时间冲刷率。

由试验结果可以看出，水泥冷再生粒料 28 d 的冲刷的冲刷率为 1.60 g/min，和普通水泥稳定碎石相比减少了 68%，由此说明冷再生粒料具有良好的抗冲刷性能。分析其原因，主要是由于旧沥青结合料中的沥青油膜包裹了冷再生混合料中的部分集料，使混合料内部的毛细孔隙减少，甚至有一部分孔隙变成了封闭孔隙。水泥稳定处治后，内部孔隙随水化产物的增加进一步减少。孔隙的减少影响了水分向矿料表面的扩散，因而水泥冷再生材料具有良好的抗冲刷性能。这一点对冷再生材料的应用具有很重要的现实意义，因为目前半刚性基层沥青路面早期损坏之一是水损害，而冷再生混合料却可以克服这一缺点。

　　通过大量试验，研究了水泥冷再生粒料的抗冲刷性能和抗收缩性能。试验结果表明：水泥冷再生粒料具有较好的路用性能，尤其是具有良好的抗裂性和抗冲刷性，这对于水泥冷再生材料具有重要的现实意义，因为半刚性基层沥青路面的开裂和水损害是导致沥青路面的早期损坏的重要原因，而水泥冷再生材料恰恰克服了这类缺点。

第 15 章

水泥就地冷再生路面施工工艺

半刚性基层刚度较大，由行车荷载引起的半刚性基层底面的弯拉应变或弯拉应力的大小近似地与半刚性基层厚度的平方成反比，也就是说厚度越大，弯拉应力越小。泰楼公路路面结构中冷再生底基层厚 20 cm，水稳碎石基层厚 18 cm，需采用分层施工。《公路路面基层施工技术规范》（JTJ034—2015）中规定：底基层成型、碾压完毕后，至少需要养生 7 d 后再铺筑基层。但这种施工方法也存在一定的问题和弊端，主要表现在以下几个方面。

1. 整体性差

在路面结构设计中基层作为整体考虑，但分层施工的方法易使得大料滚落造成两层结合不紧密，容易使基层和底基层之间形成分离，使基层底面的弯拉应力增大，对路面基层整体性能及结构的使用寿命产生不良影响。

2. 基层易产生早期损伤

由于水泥稳定材料中水泥水化和硬结的速度比较快，在基层施工过程中，大吨位运输车辆以及重型振动压路机的使用有可能对硬化成型不久的底基层造成损伤。即便是底基层在铺筑后进行了养生，但在基层铺筑过程中，底基层的强度尚未充分形成，因而基层施工过程中大吨位振动压力机和工程运输车辆的碾压极易造成底基层结构的早期损伤，导致底基层结构散裂、细观裂隙发育、强度形成不够充分。

3. 工期长

水泥稳定类材料在压实成型后需要最少 7 d 的养生时间才可以达到规定的强度，两层施工就需要两次养生，同时水泥稳定材料不适合在雨季施工，或在雨季施工比较困难，这将很可能大大地延长了施工工期。据初步计算，同样 10 km 的基层采用双层连续施工可以缩短工期 10 d 以上。

4. 增加工程造价

分层施工时同样的碾压工序需要重复进行两次，造成施工单位人力、物力投入的增加，同时增加了工程造价。

基于传统冷再生施工工艺的种种弊端，结合泰楼公路大修工程实际出发，课题组提出了冷再生结构层与普通水稳层双层连续施工工艺，并进行了一系列研究论证。

15.1 室内试验与理论分析

课题组针对基层和底基层的不同层间接触状态对其性能影响进行了深入、系统的研究，对不同施工工艺进行了模拟现场施工状态的室内比对试验，为双层连续施工工艺的使用奠定了试验和理论基础。

15.1.1 成型试件

1. 圆柱体试件成型方式

K1方案：为测试不同层间状态对水泥碎石使用性能的影响，研究中假设按照现行技术规范（JTG E51—2009）一次静压成型的15 cm（底部7.5 cm采用水泥冷再生粒料，上部7.5 cm采用水泥稳定碎石）圆柱体试件为无层间状态试件，以其对应完全连续状态方案，但此方案在现场冷再生基层施工中基本不可能实现，仅作为比对试验出现。

K2方案：先静压成型底部7.5 cm（水泥冷再生粒料）部分，表面拉毛后成型上部7.5 cm（水泥稳定碎石）后标准养生，考虑到此种成型方式与现场双层连续施工状态较为吻合，同时，考虑到水泥凝结时间及施工等因素，故以其作为现场理想状态；

K3方案：模拟现场分层施工后养生最不利的状态，成型两个7.5 cm（一个采用水泥冷再生粒料，另一个采用水泥稳定碎石）的试件后标准养生，测试时重叠到一起测试，以此态模拟现场最不利状态。

K4方案：模拟常用施工方式，先成型底部7.5 cm（水泥冷再生粒料）试件，养生至7 d后重新装入试模再继续成型上部7.5 cm（水泥稳定碎石）试件。

2. 中梁试件成型方式

为测试不同层间状态对水泥稳定碎石温缩性能、抗折强度以及疲劳性能的影响，参照常用方法，静压成型100 mm×100 mm×400 mm中梁试件。

K1方案：先装入一半拌和好的水泥冷再生粒料，再装入一半水泥稳定碎石压至100%压实度后标准养生试件，用其模拟无层间影响状态，但此方案在现场冷再生基层施工中基本不可能实现，仅作为比对试验出现。

K2方案：先将一半拌和好的水泥冷再生粒料装入试模，静压至100%压实度，表面拉毛处理后倒入水泥稳定碎石，静压至100%压实度后标准养生，用其模拟现场连续施工状态。

K3方案：将一半拌和好的水泥冷再生粒料和水泥稳定碎石分别装入试模，静压至100%压实度后标准养生，测试时将两个薄板叠放到一起进行测试，以此态模拟现场最不利状态。

K4方案：将拌和好的水泥冷再生粒料压实后脱模，标准养生7 d后装入试模，再倒入水泥稳定碎石，静压至100%压实度后标准养生，用其模拟传统冷再生的现场实际状态。

15.1.2 力学性能

试验方案按照选取的4种方案，即模拟大厚度施工的K1方案、模拟现场理想状态的K2方案、模拟现场最不利状态的K3方案、模拟传统冷再生现场实际状态的K4方案。室内试验模拟以上各种状态分别成型圆柱体试件和中梁试件，系统测试各种性能。

1. 抗压强度

抗压强度的测试分为7 d抗压强度和90 d抗压强度，主要对比不同层间状态下同一龄期强度差异及强度增长差异。表15.1和图15.1所示为不同层间状态7 d、90 d抗压强度。

表 15.1　不同层间状态 7 d、90 d 抗压强度

接触状态	龄期/d	平均值/MPa	偏差系数/%	代表值/MPa
完全连续 K1		6.31	7.29	5.55
连续 K2	7	5.32	5.33	4.86
传统 K4		4.39	9.53	4.14
完全连续 K1		9.77	9.84	8.34
连续 K2	90	9.01	7.19	7.94
传统 K4		6.92	5.46	6.30

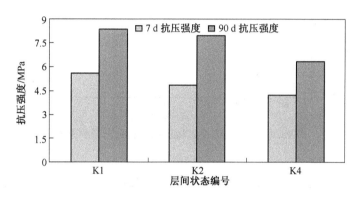

图 15.1　不同层间状态 7 d、90 d 抗压强度曲线图

试验结果分析：

（1）7 d 抗压强度，从完全连续 K1→连续 K2→传统 K4，降低的幅度分别为 12.4% 和 25.4%。

（2）90 d 抗压强度，从完全连续 K1→连续 K2→传统 K4，降低的幅度分别为 4.80% 和 24.5%。

（3）对比 7 d 与 90 d 抗压强度的下降幅度，7 d 的下降幅度要比 90 d 的大，其原因为 90 d 时，后期强度已经完全形成，对前期的差异起到补充作用。但是因为层间接触状态的不同，性能差异不能完全消除，只能部分缓解。

（4）90 d 抗压强度 K4 状态明显较低，试验进行中发现其破坏部位多位于上、下两试件接触处，这是由于层间接触不良使得压力不能很好地传递。

2. 抗压回弹模量

成型圆柱体试件后，标准养护 90 d，测试其抗压回弹模量。回弹模量是路面结构设计的主要参数之一，基层作为公路路面的主要承重层必须具备足够的强度和刚度才能抵抗行车荷载的作用，避免产生过大的变形和破坏。但是基层刚度太大又容易使结构产生过大的拉应力，特别是在干燥和温度收缩综合作用的情况下更易出现裂缝，影响路面的使用性能。测试结果如表 15.2 和图 15.2 所示。

表 15.2 不同层间接触状态 90 d 抗压回弹模量

接触状态	平均值/MPa	标准差	偏差系数/%
完全连续 K1	1 276	127.8	7.65
连续 K2	1 216	118.9	8.42
传统 K4	1 053	107.2	8.24

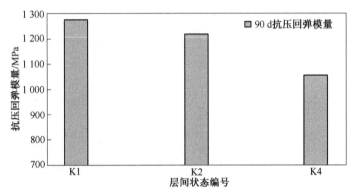

图 15.2 不同层间接触状态 90 d 抗压回弹模量图

试验结果分析：

（1）90 d 抗压回弹模量，从完全连续 K1→连续 K2→传统 K4，降低的幅度分别为 4.67% 和 12.85%。

（2）与抗压强度比较，回弹模量的下降幅度较小，这是因为养生龄期达到 90 d，在压实度相同的前提下，材料的刚度相近，层间状态的不同对回弹模量的影响较小。

（3）回弹越小，说明材料在重复加载下破坏得越快。

3. 劈裂强度

良好的基层材料，不仅要求其有较高的抗压强度，还必须具备一定的抗拉强度，而劈裂强度是衡量抗拉强度的一个间接指标，试件在标准养护至 90 d 时，测试不同层间状态的劈裂强度，测试结果见表 15.3，数据曲线图如图 15.3 所示。

表 15.3 不同层间状态 90 d 劈裂强度试验结果

接触状态	平均值/MPa	偏差系数/%	代表值/MPa
完全连续 K1	1.02	6.84	0.90
连续 K2	0.92	8.59	0.79
传统 K4	0.80	6.76	0.71

试验结果分析：

（1）90 d 劈裂强度，从完全连续 K1→连续 K2→传统 K4，降低的幅度分别为 12.22% 和 21.11%。

（2）K4 状态时，劈裂强度下降幅度较大，其原因为试件泡水时，水大量进入试件内部

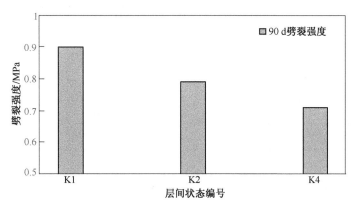

图 15.3　不同层间状态 90 d 劈裂强度曲线图

降低了石料的硬度以及黏结料的黏结作用，从而降低了试件的强度。

（3）在对 K4 状态进行劈裂时发现，在劈裂过程中，力集中作用在某一半试件上，导致半个试件先破坏，然后力才作用于另一半试件上，导致其破坏；而在对 K1 和 K2 试验时，不会发现此现象。这从一个侧面说明连续施工在受到相同作用的情况下，存活率较高。

15.1.3　抗裂性能

基层的收缩性能受温度和湿度影响较大，研究时应分别考虑。一般认为前期受湿度影响较大，后期受温度影响较大。

1. 干缩性能

成型不同层间接触状态下的试件，测定干缩系数，据此测定不同接触状态下的干缩性能差异。试验时，将试件置于同一温度下，通过游标卡尺测定，每组测定三个圆柱体。试验环境为温度 28 ℃，湿度 25%。试验数据见表 15.4，数据曲线图如图 15.4 所示（表中 ω 为含水量、干缩应变为 $\Delta\varepsilon$、失水量为 $\Delta\omega$、干缩系数为 α_d、平均干缩系数 $\overline{\alpha_d}$）。

表 15.4　不同层间状态下干缩试验结果

接触状态	试验项目	测定时间/h									$\overline{\alpha_d}$
		0	2	4	24	48	72	96	120	144	
完全连续 K1	$\Delta\omega$	0	12	24	136	156	165.5	170	174	178	215
	$\Delta\varepsilon(\mu\varepsilon)$	0	145	9	31	9	19	21	15	14	
	$\omega(\%)$	4.65	4.46	4.26	2.43	2.10	1.94	1.87	1.80	1.74	
	$\alpha_d(\mu\varepsilon/\%)$	—	763	45	17	27	119	300	214	233	
连续 K2	$\Delta\omega$	0	12	25	142	163	172.5	177.5	181.5	184.5	291
	$\Delta\varepsilon(\mu\varepsilon)$	0	153	10	42	13	19	34	24	26	
	$\omega(\%)$	4.65	4.46	4.24	2.33	1.98	1.83	1.75	1.68	1.63	
	$\alpha_d(\mu\varepsilon/\%)$	—	805	45	22	37	127	425	343	520	

接触状态	试验项目	测定时间/h									$\overline{\alpha_d}$
		0	2	4	24	48	72	96	120	144	
传统 K4	$\Delta\omega$	0	13	28	147	172	182	187	190.5	194.5	389
	$\Delta\varepsilon(\mu\varepsilon)$	0	189	27	79	51	59	47	29	29	
	$\omega/\%$	4.65	4.44	4.20	2.25	1.84	1.67	1.59	1.53	1.47	
	$\alpha_d(\mu\varepsilon/\%)$	—	900	113	41	124	347	588	483	517	

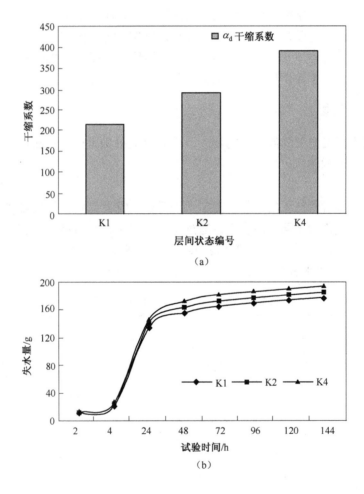

（a）

（b）

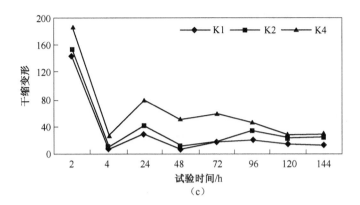

(c)

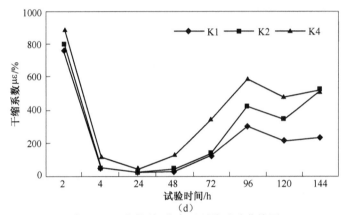

(d)

图 15.4　不同层间状态下干缩试验曲线图

（a）干缩系数曲线图；（b）失水量与试验时间曲线图；
（c）干缩变形量与试验时间曲线图；（d）干缩系数与试验时间曲线图

试验结果分析：

（1）试件成型后马上进行干缩试验，从完全连续 K1→连续 K2→传统 K4，平均干缩系数增长的幅度分别为 35.3% 和 80.9%。

（2）试件在成型后 24 h 内失水严重，在以后的 5 d 缓慢失水，6 d 后水分的散失非常缓慢。

（3）试件的干缩变形发生在成型后 2 h 内非常突出，4 h 以后变形相对较小；而水分的散失在成型后 2 h 表现得并不突出，而在失水严重的 4~24 h 的过程中，变形量并不大，可以理解为水分的散失与变形是不同步的；在 96 h 后，干缩变形趋于平缓。

（4）干缩系数在 2 h 时非常大，分别达到了 763、805 和 900，由此可见干缩变形是发生在早期的；但就失水量而言，前 2 h 的失水并不严重，也就是说早期少量水分的散失就可以导致很大程度的干缩变形。

2. 温缩性能

成型中梁试件后，标准养护 28 d 测试温度收缩系数，温缩系数用温缩测定仪进行测定。

试验中将所有试件置于同一温度下，并通过传感器进行测定，每组三根中梁试件。干温缩仪自动生成的试验结果见表15.5，数据曲线图如图15.5所示。

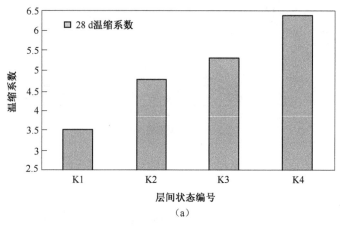

（a）

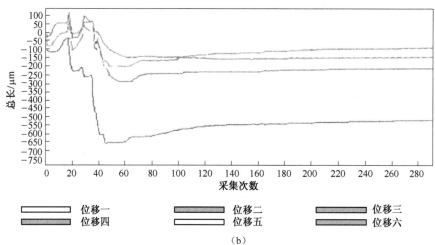

（b）

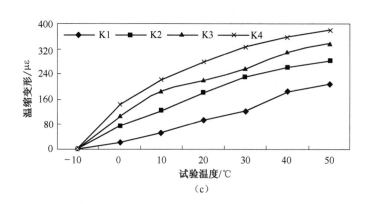

（c）

图15.5　不同层间状态下温缩曲线图

（a）温缩系数曲线图；（b）干温缩仪试验过程中自动生成曲线图；（c）温缩变形与试验温度曲线图

表 15.5　不同层间状态下温缩试验结果

接触状态	试验项目	试验温度/℃							平均干缩系数
		−10	0	10	20	30	40	50	
完全连续 K1	温缩应变（$\mu\varepsilon$）	0	20	53	92	121	186	211	3.52
	温缩系数（$\mu\varepsilon$/℃）		2.0	3.3	3.9	2.9	6.5	2.5	
连续 K2	温缩应变（$\mu\varepsilon$）	0	76	123	180	233	263	284	4.75
	温缩系数（$\mu\varepsilon$/℃）		7.6	4.8	5.7	5.3	3.0	2.1	
间断 K3	温缩应变（$\mu\varepsilon$）	0	104	186	220	257	310	339	5.32
	温缩系数（$\mu\varepsilon$/℃）		10.4	8.2	3.4		3.3	2.9	
传统 K4	温缩应变（$\mu\varepsilon$）	0	142	223	280	327	361	382	6.37
	温缩系数（$\mu\varepsilon$/℃）		14.2	8.1	5.7	4.7	3.4	2.1	

试验结果分析：

（1）28 d 温缩试验，从完全连续 K1→连续 K2→间断 K3→传统 K4，平均温缩系数增长的幅度分别为 34.9%、51.1% 和 81.0%。

（2）层间接触状态越差，温缩变形越大，对温度的变化越敏感。

15.1.4　抗冲刷性能

成型不同层间接触状态下的圆柱体试件，标准养护 28 d 后，用 MTS 试验机测定其抗冲刷性能。试验时选取同一频率、同一时间对测试结果进行对比分析。试验结果见表 15.6，数据曲线图如图 15.6 所示。

表 15.6　不同层间状态下水泥稳定碎石抗冲刷试验结果

接触状态	总冲刷量/g	平均冲刷量/$(g \cdot min^{-1})$
完全连续 K1	8.53	0.284
连续 K2	10.04	0.335
传统 K4	19.54	0.756

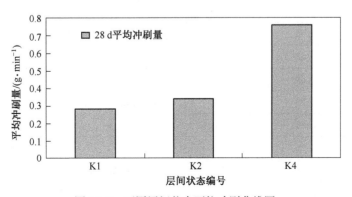

图 15.6　不同层间状态下抗冲刷曲线图

试验结果分析：

（1）从完全连续 K1→连续 K2→传统 K4，平均冲刷量的增长幅度分别为 17.96% 和 166.20%。

（2）K4 状态因为层间接触状态差，在试验时上、下两部分接触处受到水的冲刷较强，所以冲刷量急剧增大。

15.1.5 疲劳性能

1. 抗折强度

成型 100 mm×100 mm×400 mm 中梁试件，标准养护 90 d 后参照《公路工程水泥及水泥混凝土试验规程》进行测试，试验数据见表 15.7。

表 15.7 不同层间状态下抗折强度试验结果

层间状态	极限荷载/N	抗折强度/MPa	标准差	偏差系数/%
完全连续 K1	8 011.35	2.43	394.94	4.93
连续 K2	5 620.30	1.69	407.89	7.26
传统 K3	2 752.56	0.83	128.42	4.67
光滑 K4	3 482.91	1.04	388.94	11.17

试验结果分析：

（1）从完全连续 K1→连续 K2→传统 K3→光滑 K4，抗折强度的下降幅度分别为 30.45%、57.20% 和 65.84%，层间状态对抗折强度的影响非常显著。

（2）完全连续状态抗折强度较高的原因为成型密度为 2.35 g/cm³，压实度为 100%，且养生条件较好。

2. 疲劳性能测试

疲劳性能测试在 MTS 试验机上进行。测试选取 0.65、0.75、0.85 共 3 个应力强度比进行疲劳测试，测试数据见表 15.8，疲劳试验图如图 15.7 所示。

表 15.8 不同层间状态、不同应力强度比下基层材料的疲劳寿命

层间状态	应力强度比	疲劳次数	疲劳方程	R^2
完全连续 K1	0.65	214 264	$y = -6.843x + 9.778\,9$	$R^2 = 0.551\,1$
	0.75	44 325		
	0.85	9 170		
连续 K2	0.65	43 033	$y = -5.980\,3x + 8.521$	$R^2 = 0.929\,4$
	0.75	10 859		
	0.85	2 740		
传统 K3	0.65	10 271	$y = -7.883\,2x + 9.135\,7$	$R^2 = 0.945\,2$
	0.75	1 672		
	0.85	272		

续表

层间状态	应力强度比	疲劳次数	疲劳方程	R^2
光滑 K4	0.65	30 111	$y = -9.031\,2x + 10.349$	$R^2 = 0.731\,9$
	0.75	3 764		
	0.85	470		

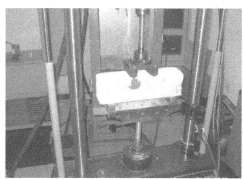

图 15.7　疲劳试验图

试验结果分析：

（1）当应力强度比为 0.65 时，从完全连续→连续→传统→光滑，疲劳寿命的下降幅度分别为 79.92%、85.95%、95.21%。

（2）当应力强度比为 0.75 时，从完全连续→连续→传统→光滑，疲劳寿命的下降幅度分别为 75.50%、91.51%、96.23%。

（3）当应力强度比为 0.85 时，从完全连续→连续→传统→光滑，疲劳寿命的下降幅度分别为 70.12%、94.87%、97.03%。

（4）同一层间状态时，随着应力强度比的增大，疲劳寿命降低，K1 状态时应力强度比从 0.65→0.75→0.85，疲劳寿命分别降低 79.31%、95.72%；K2 状态时，疲劳寿命分别降低 74.77%、93.63%；K4 状态时，疲劳寿命分别降低 83.72%、97.35%；光滑状态时，疲劳寿命分别下降 87.50%、98.44%，疲劳次数除与应力强度比有关外，还与其极限强度有很大的关系。

材料测试结果显示，路用性能会因为层间的非连续性造成很大影响，消除层间不利影响是确保使用性能的前提保证。由此，课题组提出了冷再生结构层与普通水稳层双层连续施工工艺，即 K2 状态，该工艺可以很好地解决层间接触问题。

15.2　传统现场水泥冷再生施工工艺

为了验证"冷再生结构层与普通水稳层双层连续施工工艺"的路用性能，课题组在泰楼公路上选取了 200 m 试验段采用传统冷再生方式进行施工，与双层连续施工工艺进行对比研究。

水泥稳定冷再生具体施工工艺流程图如图 15.8 所示

15.2.1 准备原道路

清除原道路表面杂物和积水，以及再生范围非适用于再生的结构物，并对原路的翻浆、车辙、沉陷、波浪、坑槽等病害进行处理，使原路基本平整。用全站仪每隔 10 m 放出路线的中桩、边桩。

15.2.2 冷再生机组就位

使用推杆连接再生机组，并连接所有与再生机组相连的管道，对再生机组及配套机械设备就位并进行检查调试。

15.2.3 旧路面破碎与拌和整形

旧路面采用冷再生拌和机进行破碎拌和，拌和时先设定拌和深度为 18 cm，相邻两幅拌和应重叠 20~30 cm，避免出现条梗。拌和过程中，冷再生拌和机需一辆洒水车配合保证拌和用水，拌和过程按规定含水量加水，随拌随检查含水量。

冷再生机在原路面上行进，行进速度根据路面损坏状况和再生深度进行调整，一般为 4~10 m/min，以保证铣刨后料的级配波动范围不大。网裂严重地段应降低再生机组行进速度，提高铣刨转子转速。

再生机后安排专人跟随，随时检查破碎深度、拌和深度，确保拌和料含水量及拌和层厚度，并配合再生机操作员进行调整；及时处理边线和清理混合料中的杂质以及每刀起始位置的余料，以防止影响纵向接缝、横向接缝、平整度和再生材料的密实性。破碎拌和后，大颗粒内如颗粒团过多，可用再生机或路拌机加拌一次，水分不足路段，加拌前及时补洒水，保证再生混合料的稳定性。

再生机必须缓慢、均匀、连续地作业，不得随意变更速度或中途停顿。纵向接缝位置应避开快、慢车道上车辆行驶的轮迹纵向接缝处相邻两幅作业面间的重叠量不小于 10 cm。

15.2.4 撒布水泥

按实验室确定铣刨料的最大干密度、旧路面的铣刨厚度、新集料用量和稳定剂用量计算水泥的摊铺厚度打格铺料。

水泥的添加方式：将固态粉状水泥撒布在再生机前的被再生路面上，当再生机经过时，将水泥与被铣刨下来的旧混合料进行拌和，计算出每 m² 所需水泥计量后，打格铺料即可（图 15.9）。

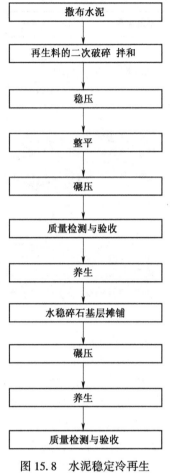

图 15.8 水泥稳定冷再生
施工工艺流程图

图 15.9　画方格撒布水泥

■ 15.2.5　二次拌和

再生拌和前检测冷再生料的含水量，根据实际含水量与最佳含水率的差值，确定施工含水量，最终使冷再生混合料的含水量比最佳含水率高出 1%。水泥布好后，及时开始拌和。拌和深度按压实后 20 cm 控制，通过试验段验证，松铺系数为 1.28，即松铺 25.6 cm。

冷再生机进行速度 4~10 m/min。拌和中，有专人跟机随时检测拌和深度，拌和好的混合料由技术人员及时进行现场检测含水量及水泥剂量，始终控制含水量比最佳含水率高 1%，水泥剂量 4.5%。拌和料及时做无侧限抗压强度试验（图 15.10）。

图 15.10　冷再生机二次拌和

■ 15.2.6　稳压整平、整形

整幅路段拌和完毕，用振动压路机稳压 2 遍，用平地机初步整平（图 15.11）。测量人员控制纵断高程和横坡度，保证平整度。整形后的再生层表面应无集料离析现象。

图 15.11　平地机初步整平

15. 2. 7　碾压

压实工序：静压 1 遍，强振 6 遍，最后终压收光。初压采用一台振动压路机静压 1 遍，前进时静压后退时微振，初压速度为 1~2 km/h。复压用两台振动压路机进行振动碾压，强振碾压 6 遍，胶轮压路机在复压过程中碾压 1 遍（复压速度为 2~3 km/h，如图 15.12 所示）。复压后用平地机终平一次，使其纵向顺适，路拱及高程符合设计要求。复压结束后对该碾压段进行压实度检测，压实度检测合格后再进行终压 1 遍收光。终压速度为 2~3 km/h，终压由一台压路机进行碾压 1~2 遍收光，直至无明显轮迹。

图 15.12　胶轮压路机碾压

15. 2. 8　养生

碾压完毕检测合格后，应立即进行洒水养生，使表面保持一定的湿度，但不必过湿，一般每天洒水不少于 3~4 次，养生时间不少于 7 d。养生期间封闭交通，除养护车辆外严禁其他车辆通行。

15.2.9 水稳碎石基层施工

水泥稳定碎石基层的摊铺、压实作业过程与一般基层施工相同，采用水泥稳定碎石摊铺机铺筑（图 15.13）。材料碾压分为初压和终压两个阶段。初压是先用轻型两轮压路机跟在摊铺机后面及时进行静压、轻碾，待基本成型并对标高、横坡进行检测、调整后，再用重型振动压路机和三轮压路机继续碾压密实，最后用胶轮压路机终压 2 遍，及时检测其压实度。

碾压过程中应保持混合料表面始终湿润，如果水分蒸发过快，要及时地补洒少量的水，但严禁洒大水碾压；如有松散、起皮等现象，应及时进行彻底清除，重新铺料碾压，使其达到质量要求。严禁压路机在当天碾压的路段上调头或急刹车，保证基层表面不受破坏。

图 15.13 水稳碎石基层摊铺

15.2.10 基层养生

碾压完毕后，应立即进行洒水养生，使表面保持一定的湿度，但不必过湿，一般每天洒水不少于 3~4 次，养生时间不少于 7 d。必须采用毛毡覆盖，洒水养生。养生期间封闭交通，除养护车辆外严禁其他车辆通行。养生结束后，必须将土工布收起，并且清扫路面干净。

冷再生重点注意事项：

（1）对原路面进行调查，对素混凝土路段进行破除，作为弃方处理。对原沥青混凝土面层以下基层进行调查，确定是稳定土基层及其是否满足 20 cm 厚度；对机械性能进行验证，确保破碎能力。同时进行破碎路段取样筛分，验证级配是否达到级配要求。否则进行粒料掺加，并确定掺加量。

（2）对取样进行掺加水泥配比试验。

（3）在以上调查、试验完成的基础上进行再生路面铣刨，重点检查铣刨深度及均匀度，保证深度均匀，不留条状未铣刨带（进行加密挖探试验观察）。在铣刨的路面上用平地机进行纵坡及横坡度调整，并进行稳压。

（4）画格布水泥，保证水泥摊铺均匀（采用缓凝水泥）。

（5）要求拌和用水控制准确（与铣刨机连体控制）。

（6）及时稳压整平，迅速完成碾压（确保在水泥的初凝时间内完成碾压），按标准养生。

（7）冷再生路面第一次铣刨宜控制在 18 cm，第二次掺水泥拌和保证压实 20 cm 掺拌水泥，并加大挖验频率，保证不留夹层。

（8）压实采用大吨位振动压路机压实，不留死角，并保证平整度等外观指标。

15.2.11　检查与验收

对混凝土原材料、水泥、粗细集料、水应按规定要求进行检查和必要的试验，并做好记录，提交给工程师批准。混凝土抗压、抗折强度检验应符合设计要求。

（1）试验室按规范要求检查水泥剂量和成型强度试件。

（2）碾压完成后，立即检查压实度，达不到要求时应立即补压。

（3）碾压完成后，立即检查几何尺寸，不合格的要进行整修。

（4）平整度严格控制在 12 mm 以内。

（5）龄期 7 d 时应能取出完整的钻件。

表 15.9 为冷再生水泥稳定底基层检测标准，表 15.10 为传统工艺冷再生水泥稳定底基层压实度检测表。

表 15.9　冷再生水泥稳定底基层检测标准

项次	检查项目		规定值或允许偏差	检测方法和频率
1	压实度/%		≥98	每 200 m 每车道 2 处
2	平整度/mm		8	3 m 直尺：每 200 m 测 2 处×10 尺
3	纵断高程/mm		+5，−10	水准仪：每 200 m 测 4 个断面
4	宽度/mm		符合设计要求	尺量：每 200 m 测 4 处
5	厚度 /mm	代表值	−8	每 200 m 每车道 1 点
		合格值	−15	
6	横坡/%		±0.3	水准仪：每 200 m 测 4 个断面
7	强度/MPa		符合设计要求	按《公路工程质量检验评定标准》（JTG F80/1-2017）附录 G 的方法检查

表 15.10　传统工艺冷再生水泥稳定底基层压实度检测表

桩号	距中桩位置	碾压 4 遍后压实度/%	碾压 5 遍后压实度/%	碾压 6 遍后压实度/%
K24+160	右 2 m	96.5	97.6	98.4
K24+220	左 3 m	96.1	97.5	98.9
K24+260	右 3 m	95.2	97.2	98.2
K24+320	左 2 m	95.8	97.3	98.6
K24+360	右 3 m	96.2	97.5	98.8

15.3　冷再生结构层与普通水稳层双层连续施工工艺

为了验证"冷再生结构层与普通水稳层双层连续施工工艺"的路用性能，课题组在泰楼公路上选取 200 m 试验段采用冷再生结构层与普通水稳层双层连续施工工艺进行施工。经过改进后的施工工艺流程图如图 15.14 所示。

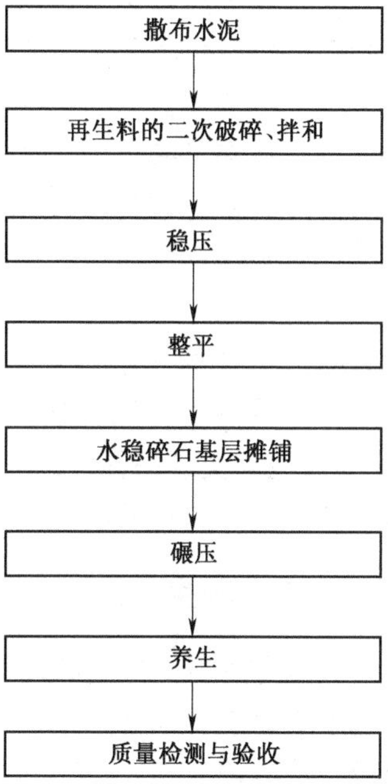

15.3.1　备料

根据水泥冷再生基层的厚度与预定的干密度与水泥剂量，计算每 m² 基层水泥用量。

15.3.2　闷料

如已粉碎整平的旧路面含水率过小，应在土层上洒水闷料。洒水应均匀，防止出现局部水分过多的现象。

15.3.3　摊铺水泥和摆放

根据计算出的每袋水泥的纵横间距做好安放标记，用刮板将水泥均匀摊开，水泥摊铺完后，表面应没有空白位置，也没有水泥过分集中的地点。

```
撒布水泥
  ↓
再生料的二次破碎、拌和
  ↓
稳压
  ↓
整平
  ↓
水稳碎石基层摊铺
  ↓
碾压
  ↓
养生
  ↓
质量检测与验收
```

图 15.14　冷再生结构层与普通水稳层双层连续施工工艺流程图

15.3.4　稳压、整平

整幅路段拌和完毕，用振动压路机稳压两遍，用平地机初步整平。测量人员控制纵断高程和横坡度，保证平整度。整形后的再生层表面应无集料离析现象。

15.3.5　水稳碎石基层摊铺

对再生层稳压、整平后，经快速检测压实度合格后，立即进行基层水泥稳定碎石的摊铺、整型、碾压、精平。

15.3.6　碾压

静压一遍，强振 7 遍，最后终压收光。初压采用一台振动压路机静压一遍，前进时静压，后退时微振，初压速度为 1~2 km/h。复压用两台振动路机进行振动碾压，强振碾压 6~7 遍，两侧比中部多压一遍，胶轮轮压路机在复压过程中碾压一遍（复压速度为 2~3 km/h）。复压后用平地机终平一次，使其纵向顺适，路拱及高程符合设计要求。复压结束后对该碾压段进行压实度检测，压实度检测合格后再进行终压一遍收光。终压速度为 2~3 km/h，终压由一台压路机进行碾压 1~2 遍收光，直至无明显轮迹。

碾压注意事项：

（1）压路机的起步和制动应做到慢速启动，慢速刹车。严禁在已完成或正在碾压的路段上"掉头"或急刹车，以保证水泥稳定土层表面不受破坏。

（2）碾压从低的一侧向高的一侧碾压，相邻碾压带应重叠 1/2 轮宽，压完半幅全宽为一遍，在碾压过程中可调整混合料含水量。

（3）碾压过程中，表面应始终保持潮湿。如表面水蒸发得快，应及时补洒少量的水。随时检测混合料的含水量，确保含水量比最佳含水率大 1%~2%。

（4）施工中，从加水拌和到碾压终了的延迟时间不得超过水泥初凝时间。

（5）压路机每次由两端折回的位置呈阶梯形，随摊铺机向前推进，使折回处不在同一横断面上，最好呈 45°斜角。

（6）对由于碾压过程中出现的壅包，应用人工处理后，再继续碾压，碾压全过程控制在 30 min 内完成。碾压过程中，如有"弹簧"、松散、起皮等现象，应及时进行处理。严禁采用薄层贴补的办法进行找平。

（7）快速检测压实度，压实不足尽快补压。自检时压实度按提高一个百分点控制，用 3 m 直尺逐段丈量平整度，发现异常马上处理。

（8）测量人员盯在现场，不断检测摊铺和+碾压后的标高，及时纠正施工中的偏差。

15.3.7 养生

碾压完毕后，应立即进行洒水养生，使路面表面保持一定的湿度，但不必过湿，一般每天洒水不少于 3~4 次，养生时间不少于 7 d。必须采用毛毡覆盖，洒水养生。养生期间封闭交通，除养护车辆外严禁其他车辆通行。养生结束后，必须将土工布收起，并且清扫路面干净。

15.3.8 检查与验收

无侧限抗压强度、压实度等检测结果分别见表 15.11 和表 15.12。

表 15.11　冷再生粒料压实度、含水率检测结果

桩号	项目	压实度/%	含水率/%
K28+540~K28+340	检测数据	98.9	6.9

表 15.12　冷再生混合料的强度检测结果

桩 号		组数	R_c 平均值/MPa	变异系数 C_v/%	代表值/MPa
左	K28+540~K28+340	22	2.83	2.9	2.69
右	K28+540~K28+340	21	2.78	3.2	2.64

15.4　试验路测试结果与分析

传统冷再生和双层连续施工路段的取芯效果对比图如图 15.15 和图 15.16 所示。

图 15.15　传统冷再生取芯照片

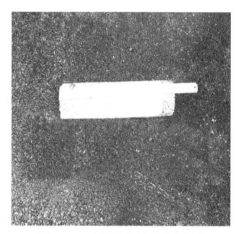

图 15.16　双层连续施工取芯照片

通过两种施工工艺芯样对比，可以明显看出传统冷再生施工黏结处有接缝，说明传统冷再生施工时黏结处为薄弱环节，而双层连续施工整体性很好。

采用双层连续施工工艺，相比传统冷再生施工工艺有以下几个方面的提高。

（1）整体性好。采用双层连续施工工艺，对再生层和基层进行一次性碾压，改变了原有的分层碾压工艺，不会出现层间分离的情况，使其成为一个整体，减小了基层的整体弯拉应力，提高了路面基层整体性能，延长了结构的使用寿命。

（2）消除了底基层早期损伤和层间污染。由于采用了双层连续施工，再生层和基层一次碾压成型后养生，避免了分层碾压施工中由于基层施工过程中大吨位振动压力机和工程运输车辆的碾压造成的底基层结构早期损伤，也消除了上、下两层间的污染现象。

（3）工期短。水泥稳定类材料在压实成型后至少需要 7 d 的养生时间才可以达到规定的强度，两层施工就需要两次养生，同时水泥稳定材料不适合在雨季施工，或在雨季施工比较困难，这将很可能大大地延长了施工工期。据初步计算，同样的 10 km 的基层路段一次性大厚度铺筑可以缩短工期 10 d 以上。

（4）降低了工程造价。双层连续施工采用冷再生结构层与普通水稳层一次碾压成型工艺，节约了再生层拌和后的碾压和养生成本；同时，缩短了工期，提高了生产效率，节约了工、料、机的成本费，降低了工程造价。

第 16章

水泥就地冷再生的机群配置

水泥就地冷再生工程相适应的机械需求量大，其品种、规格、系列多。这些设备主要包括摊铺机、铣刨机、压路机、平地机与其他沥青路面就地再生设备等。面对如此众多的设备，如何合理地配置与选型是课题研究的一项重要内容。

水泥就地冷再生机群静态配置主要是从宏观角度提出机械的配置，根据特定工程项目和机群单机性能指标，确定机群各机种数量的合理匹配关系，以保证工程质量、作业效率和施工成本的最佳组合，获得最高的综合经济效益。

水泥就地冷再生机械静态配置，是在工程项目的工程技术要求、工程数量、工期要求和大修方案等情况确定后，对冷再生主导机械和辅助机械的生产能力以及水稳碎石混合料运距最大、最小时所需运输车组车辆数量所进行的配置。

16.1 机械设备合理配置与选型的基本原则

■ 16.1.1 冷再生机械选型的原则

水泥就地冷再生沥青路面是一项系统工程，在配置冷再生机械的过程中应当树立系统化的思想，遵守系统原理。也就是说必须从整个冷再生作业的全局出发，制订冷再生机械配置方案，以冷再生作业系统整体目标为依据。

根据对泰楼公路病害的分析，总结出水泥就地冷再生施工方法，编制出施工工艺，对主要冷再生设备进行类型分析。但机械选型是一项复杂细致的技术工作，需要进行科学分析和决策，要与国家的技术政策一致，要把性能上的先进性和工程使用上的合理性结合起来，把技术上的要求与经济上的要求更好地统一起来，才能作好机械设备的选型工作。机械选型的基本原则有以下几点。

（1）冷再生设备要与公路的技术要求相适应。在选型的过程中要根据冷再生路面的工况以及工作环境合理地选择施工机械。

（2）冷再生机械应能充分满足冷再生施工工艺的特殊要求，其作业能力、质量和速度应符合相应冷再生作业的要求；通用机械应具有较高的利用率和工作效率。合理的机械装备结构应表现为较高的平均机械利用率和作业效率以及相关机械间的合理配套。

（3）具有技术先进性；关键设备要先进，全部设备要配套，尽量选择可以一机多用的机械。一台性能和技术都很先进的设备，其生产能力数倍于一台相对落后的机型。选用先进设备，其生产效率高，故障率低，需要人工维护的时间少，作业质量一般也有保证。选用的设备尽量与其他设备兼容，配件可以互换使用，最好能够与先前已经配置的机械配套使用。

（4）具有简单统一的机种机型，容易操作，维修方便，性能可靠。简单统一的机械装备结构可以简化技术培训、备件管理及维护和维修等工作，从而可以降低成本、提高机械管理效益。选定的设备不但其自身在性能上要可靠，其作业质量也应当可靠。机械可以长期使用，在恶劣的工况下也能够很好地工作，减少设备维护的成本。

（5）选用设备要自动化程度高，尽可能节约劳动力。

（6）安全性要好，对环境不会造成污染和破坏。环保是我国经济可持续发展的关键，应选用清洁无污染或污染小的机械。

（7）安装调试方便，易于施工场地转运。

（8）经济上的合理性。在选择机械的过程中，要根据自己单位的经济承受能力，优先配置一些对施工影响比较突出的设备，之后再根据自己单位的资金状况不断更新改进，使设备的装备水平逐步提高。同时应考虑单位作业人员的技术水平，以避免花高价购置的设备无人能操纵，从而造成资源的浪费。

16.1.2　机群组合原则

机群组合原则有以下几个方面。

（1）根据工期和工程量的大小确定最小生产能力；

（2）机群中各单机和所有工作过程都要满足主体机械的生产能力。在水泥就地冷再生施工系统中，主体机械是冷再生机，在该系统中，所有其他机械都与冷再生机直接关联，相辅相成。

（3）后续机械的生产能力要略大于前导机械。为了保证"水泥就地冷再生"这个流的顺畅，不产生淤积，除了使各辅助机械满足生产能力以外，还要依照施工工艺上环环相扣的关系，使后续机械的生产能力略大于其相应的前导机械。

（4）选好既定工程的主导机械，其他机械必须围绕主导机械进行配套。

（5）尽量减少配套机械的数量。

（6）各配套机械的工作能力必须相互匹配。

16.2　机群组合的原理

水泥就地冷再生需要多机种、高性能的机械联合作业施工。在这种情况下，不仅设备的投资巨大，使用费用高，而且整个施工系统的综合能力决定着整个工程的进度、质量和效益。因此，要对冷再生施工系统进行最优化配置，必须先弄清楚各工艺的施工过程，以及机械相互运行的规律。才能充分发挥系统作业的综合能力，降低大修成本。

要同时满足质量、工期和成本三方面的要求，机械的数量配置并不是一件容易的事情，为了叙述方便，我们引入三种生产率的定义。

（1）理论生产率。理论生产率是机械铭牌上所标示的生产率。它是机械在极限良好的情况下的生产率。极限良好是指机械在最合适的工况下工作，不考虑与其他机械的配合，不存在等待其他机械的情况，天气状况也不影响其机械性能的发挥。

（2）技术生产率。技术生产率是指机械在具体的工况下工作，不考虑与其他机械的配合。在计算生产率时不排除环境对它的影响，也就是本章中提到的"生产能力"。

（3）实际生产率。实际生产率是指机械在实际施工生产中，在具体的施工组织中单位时间的产量，包含机械之间的相互影响。但是，计算这一生产率时，要把机械故障引起的时间浪费排除在计算时间之外。

16.2.1 机群施工系统

水泥就地冷再生系统，是指以一主体机械、几种辅助机械组成的机群施工系统，以冷再生底基层作为纽带，将这几种机械共同联系在一起，形成一个相当固定的"相互影响、相互联系、相互制约"的施工系统，我们将它抽象理论化后，称为水泥就地冷再生施工系统。下面就水泥就地冷再生中传统施工工艺的施工系统进行分析。

对于传统水泥就地冷再生施工系统，整个施工系统可以抽象成如图 16.1 所示。

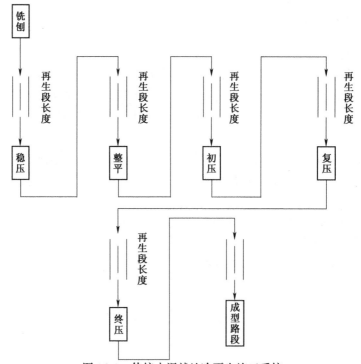

图 16.1 传统水泥就地冷再生施工系统

整个施工系统，按照工序作业上的连续性，可以分为两个子系统：铣刨—稳压子系统、整平—压实子系统。两个子系统在时间、工艺、组织上互相影响，互相制约。

1. 铣刨—稳压子系统

铣刨—稳压子系统是指路面铣刨、稳压工序组成的系统。在此系统中，机械设备较少，仅有铣刨机、压路机和洒水车，施工工艺也较为简单。但是在路面大修工程中，铣刨是一个不容忽视的环节。要注意的主要问题如下。

（1）铣刨机和摊铺机的工作能力匹配。

（2）铣刨机和运输汽车的工作能力匹配。

（3）铣刨—稳压子系统对施工进度的影响。

2. 整平—压实子系统

整平—压实子系统是指再生层稳压之后，再跟以压路机压实。我们把由这些工序和机械所组成的系统称为"整平—压实子系统"。

整平—压实子系统具有如下鲜明特点。

（1）机械化程度高。在整平—压实子系统中主要有平地机、三轮静压路机、胶轮压路机和振动压路机。

（2）流水作业强。具有很强的流水作业性，其中任何一个环节都会对整个系统的正常运行产生重要的影响。

（3）施工工艺要求较高。稳压、整平、初压、复压、终压这几道施工工序具有较高的技术要求，对工人的操作水平要求也较高。

■ 16.2.2　机群运行规律

要研究水泥就地冷再生施工系统机群工作规律，首先要研究机群施工系统的概率规律性，分析机群施工系统的概率规律性、机械排队数量的目的，是为研究冷再生机、摊铺机、压路机、运料车、洒水车的运行工作情况作准备，为该系统资源优化配置（机械的性能与数量优化组合）提供理论依据。其中重点是研究机械排队队长分布、机械排队数量。在施工机群中，存在排队的机械一般只有运料车和压路机械。

1. 运料车运行规律

系统理想的工作情况是当水稳拌和站刚拌和好一车料时，就有一辆汽车刚好到达拌和站处并装料；当摊铺机刚好需要进料时，就有一辆汽车刚好到达摊铺机处并立即卸料；混凝土经摊铺机摊铺后，压路机立即分别给予压实。

拌和子系统是指由拌和站与运料汽车形成的系统，汽车总数是有限的，如只有 M 辆汽车，每辆汽车来到系统中接受服务后仍回到原来的总体，还会再来，由于拌和站的空间比较大，运输汽车是有限的，不会出现有运输车不能进入的情况，所以问题可以归结为单服务台等待制模型 $M/M/1/\infty$。这类问题的主要特征是系统空间是无限的，允许永远排队。

设：

M——运料汽车总数量；

L——平均队长；

λ_n——拌和站处汽车平均到达率；

μ_n——拌和站服务率，即单位时间内装车数量；

W——平均逗留时间；

W_q——平均等待时间。

系统的状态流图为

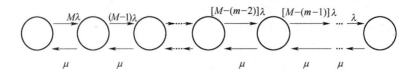

设每辆汽车的到达时间服从参数为 λ 的负指数分布（顾客的到达过程为 Poisson 流）率，服务台数为一个，且每一辆汽车在系统外的时间固定，服务时间服从参数为 μ 的负指数分布。

首先，求平稳状态下队长 N 的分布 $P_n = P\{N = n\}$，$n = 0$，1，2，…。因为拌和站的等待空间可以认为无限。因而有

$$\mu_n = \mu, \quad n = 0, \ 1, \ \cdots \tag{16.1}$$

$$\lambda_n = \lambda, \quad n = 1, \ 2, \ \cdots \tag{16.2}$$

记 $\rho = \dfrac{\lambda}{\mu}$

设 $\quad\quad\quad \rho < 1$，则 $C_n = \left(\dfrac{\lambda}{\mu}\right)^n$，$n = 1$，2，… $\tag{16.3}$

则平稳状态的分布为

$$P_n = C_n P_0 \quad n = 1, \ 2, \ \cdots \tag{16.4}$$

由概率分布的要求

$$\sum_{n=0}^{\infty} P_n = 1 \tag{16.5}$$

有 $\quad\quad\quad \left(1 + \sum_{n=1}^{\infty} C_n\right) P_0 = 1 \tag{16.6}$

于是 $\quad P_0 = \dfrac{1}{1 + \sum_{n=1}^{\infty} \rho^n} = \left[\sum_{n=0}^{\infty} \rho^n\right]^{-1} = 1 - \rho \tag{16.7}$

所以 $\quad\quad P_n = (1 - \rho)\rho^n, \quad n = 0, \ 1, \ 2, \ \cdots \tag{16.8}$

由已得到的单服务台等待制排队系统平稳状态下队长的分布，可知平均队长为

$$L = \sum_{n=0}^{\infty} n P_n = \sum_{n=1}^{\infty} n(1 - \rho)\rho^n = \dfrac{\rho}{1 - \rho} = \dfrac{\lambda}{\mu - \lambda} \tag{16.9}$$

类似地得到

平均排队长： $\quad L_q = \sum_{n=1}^{\infty} (n - 1) P_n = L - (1 - P_0) = L - \rho \tag{16.10}$

平均逗留时间： $\quad W = \dfrac{L}{\lambda} = \dfrac{1}{\mu - \lambda} \tag{16.11}$

平均等待时间： $\quad W_q = \dfrac{L_q}{\lambda} = \dfrac{\lambda}{\mu(\mu - \lambda)} \tag{16.12}$

2. 压路机运行规律

1）初压压路机压实时间作业规律分析

水泥稳定碎石被摊铺机摊铺后，初压压路机则立即给予压实。

在实际施工中，摊铺机每摊铺一当量车混凝土并不一定就会立即得到初压压路机压实，

为了保证初压压路机压实工作的连续、稳定及初压质量，通常是在摊铺机摊铺混凝土时有若干长度后才给予压实，为了采集数据的方便，我们采用了压路机每压实 10 m 长度（以下简称当量压实长度）的当量时间。

对初压压路机压实每一当量长度的当量时间分析证明：

初压压路机压实每一当量长度的当量时间服从负指数分布。

例如，国内某高速公路施工现场收集到初压压路机每压实一个当量压实长度的当量时间（压路机为 6~8 T 振动钢轮压路机）分布：

$$F(x) = 1 - e^{\frac{-x}{2.77}} \tag{16.13}$$

密度函数为

$$f(x) = \frac{1}{2.77} e^{\frac{-x}{2.77}} \tag{16.14}$$

2）终压压路机压实时间作业规律分析

同理可以证明：终压压路机压实当量长度水稳碎石的当量时间服从负指数分布。

例如，国内某高速公路施工现场收集到终压压路机每压实一个当量压实长度的当量时间（压路机为 9~16 T 胶轮压路机）分布：

$$F(x) = 1 - e^{\frac{-x}{0.99}} \tag{16.15}$$

密度函数为

$$f(x) = \frac{1}{0.99} e^{\frac{-x}{0.99}} \tag{16.16}$$

16.3 两种施工工艺下的机群配置方案

16.3.1 不考虑材料因素的机群配置方法

施工系统配置所需的基本数据见表 16.1。

表 16.1 施工系统配置所需的基本数据

项目	技术数据	项目	技术数据
工程基本信息	路面等级、交通量构成、交通量、功能、路面的结构类型、交通量 道路服务期限和磨损程度、当地气候条件、作业方式和作业量 D——大修道路里程； L——路面大修宽度； T_L——最迟完工日期	摊铺机	B——摊铺机一次摊铺宽度； H——摊铺机一次摊铺厚度； V_2——摊铺机的平均工作速度； C_1——摊铺机的机械台班费； T_5——摊铺机摊铺一当量车料的时间

项目	技术数据	项目	技术数据
拌和站	G——拌和站技术生产率； T_4——拌制一当量车料的时间； C_b——拌和站的机械台班费	混合料运输汽车	N——数量； l——运距； G_0——汽车额定容载； T_2——装料时间； T_3——卸料时间； V_1——运料速度； V_2——空返速度； T_1——一个工作循环时间； C_q——汽车台班费
铣刨机	B_x——次铣刨宽度； v_x——铣刨机工作速度； h_x——铣刨深度； C_x——铣刨机的台班费		
压路机	T_6——初压压路机压实一车混凝土的时间； T_7——复压压路机压实一车混凝土的时间； T_8——终压压路机压实一车混凝土的时间； C_{cy}——初压压路机的台班费		

（1）由水泥就地冷再生施工工艺确定选择施工主导机械、系统机械设备组成。

（2）确定冷再生系统每天所需混合料的量 Q_L。

（3）根据 Q_L 确定系统主导机械设备的生产能力及数量。

（4）由主导机械设备的生产能力确定其他主要机械的生产能力及数量；配套机械围绕主导机械来配置，其生产能力应比主导机械的生产能力大约 20%，以确保主导机械最大施工能力。

（5）计算系统运行状态参数，确定系统配套机械的配置组合方案：

①系统基本数据的统计分析及处理。

②确定机械运行的有关参数期望值。

③确定机械化施工系统的数学模型。

④对模型求解，确定机械运行状态参数。

⑤对费用分析，确定配套机械的数量、性能。

半刚性沥青路面水泥就地冷再生的施工工艺相对复杂，所需大型施工机械设备也比较多，由施工工艺来看，冷再生机、摊铺机应作为主导机械。辅助机械有水泥稳定碎石拌和站、运料车、平地机、压路机、洒水车等。

1. 冷再生结构层的施工作业机械及数量

1）确定每天冷再生底基层的施工面积

$$S = 60V_x(B_x - 0.2)N_x k_x t \tag{16.17}$$

式中　V_x——铣刨速度，m/min；

　　　B_x——铣刨宽度，m；

　　　N_x——台套数，无量纲；

　　　k_x——每天工作时间，h。

$$k_x = 1 - t_d/t \tag{16.18}$$

式中　t_d——铣刨机每天迁移所用时间，h；

　　　t——每天作业时间，h。

2）确定稳压机械的数量

稳压采用钢轮压路机，碾压的遍数为 M_y。

稳压压路机每天碾压的面积

$$S_y = V_y(B_y - 0.3) \times t \times M_y \tag{16.19}$$

式中　B_y——稳压宽度，m；

　　　V_y——稳压速度，m/min；

　　　M_y——稳压遍数，无量纲；

　　　t——每天作业时间，h。

比较 S_y 和 $2S$，若 $S_y > 2S$，表示一台压路机可以满足生产任务，否则需要添置压路机。

3）确定平地机的数量

采用平地机整平冷再生结构层，使其横坡、纵坡、标高等参数满足设计要求，平地机一般作业的遍数为 M_p，每天作业的面积为

$$S_p = V_p \times B_p \times E_p \times t \tag{16.20}$$

式中　B_p——平地机作业宽度，m；

　　　V_p——平地机作业速度，m/min；

　　　M_p——平地机作业遍数，无量纲；

　　　t——每天作业时间，h；

　　　E_p——平地机作业效率，取 0.5。

4）确定压路机的数量

（1）双钢轮初压 2 遍——→振动压路机振压 3 遍——→胶轮压路机终压 2 遍。

总压实面积为 $2S$；假定每天工作 10h。

10h 碾压面积：

$$S_{10} = V_{初压}(L_轮 - 0.3) \times t \tag{16.21}$$

式中 0.3 m 为轮迹重叠尺寸。

（2）选复压压路机数量。

总压实面积 $3S$；

10 h 碾压面积：

$$S_{10} = V_{复压}(L_轮 - 0.4) \times t \tag{16.22}$$

式中 0.4 m 为轮迹重叠尺寸。

5）选终压压路机数量

终压实面积 $2S$；

10 h 碾压面积：

$$S_{10} = V_{终压}(L_轮 - 0.12) \times t \tag{16.23}$$

比较 S_{10} 和 $2S$，若 $S_{10} > 2S$，表示一台压路机可以满足生产任务，否则需要添置压路机，或者改变摊铺机速度。同理可比较 $3S$ 和 S_{10}，得出复压压路机的配置数量。

2. 水泥稳定碎石结构层施工机械与数量

（1）确定铺筑水泥稳定碎石基层每天所需混合料的量 Q_L。

根据公式 $Q_L = SH\rho/T$ 得出每天所需水稳混合料的量。

（2）由于施工中必然会出现水稳碎石混合料的损失，按照摊铺作业的一般要求，在保证路面工程质量和工艺要求的前提下，摊铺机的摊铺能力应大于计算所需水稳碎石混合料的 $10\% \sim 15\%$，然后调整摊铺速度，使摊铺速度满足运料车所提供的供料数量，两者的工作能力保持平衡。

由公式 $Q_B = Q_L/K_t$ 得出拌和站生产能力，摊铺机的选配和摊铺速度由下式计算：

$$Q_T = Q_B K_{t1}$$

所以，摊铺机所用台数 $n = Q_T/q_t$。

（3）压路机的选配。压路机作业是保证路面施工的重要环节，它直接关系着路面的密实度和平整度，其压实效果受混合料性质、级配、厚度、压路机性能、碾压速度、压实温度及有效压实时间等因素影响，在其性能符合规范的前提下压实能力由设备的结构和性能参数决定。一般有两种选配方法：一种是按压实面积，另一种是按压实方量。我们采用按压实面积初选，以摊铺机摊铺后完成碾压时间校核。

水稳碎石混合料压实程度是影响路面使用性能的主要因素之一，铺筑耐久性、和易性好的路面关键在于压实。通过压实可使空隙率减少，集料颗粒重新排列，紧密接触，相互嵌挤以及粒料间相互紧密的黏结，密度增大。压实效果好，使用寿命长，耐久性好；否则极易产生早期破坏，影响路面的正常使用。

实践证明，合理地选用振动压路机，不仅可以大大提高水泥稳定碎石的碾压效果和生产效率，还可以减少碾压设备的工作台数和碾压次数。初压到终压所用压路机应遵循先轻后重的原则，而行驶速度也应由低到高。根据这个原则，在实际施工中选用：

①双钢轮初压 2 遍──→振动压路机振压 3 遍──→胶轮压路机终压 2 遍。

②根据每天预计可摊铺面积：

$$S = 60VLt \tag{16.24}$$

式中　V——摊铺速度，m/min；

　　　L——路面宽度，m；

　　　t——每天工作时间，h。

③选初压压路机数量。

总压实面积为 $2S$；假定每天工作 10 h。

10 h 碾压面积：

$$S_{10} = V_{初压}(L_轮 - 0.3) \times t \tag{16.25}$$

式中 0.3 m 为轮迹重叠尺寸。

④选复压压路机数量。

总压实面积 $3S$；

10 h 碾压面积：

$$S_{10} = V_{复压}(L_轮 - 0.4) \times t \tag{16.26}$$

式中 0.4 m 为轮迹重叠尺寸。

⑤选终压压路机数量。

终压实面积 $2S$ ；

10 h 碾压面积：

$$S_{10} = V_{终压}(L_轮 - 0.12) \times t \tag{16.27}$$

比较 S_{10} 和 $2S$ ，若 $S_{10} > 2S$ ，表示一台压路机可以满足生产任务，否则需要添置压路机，或者改变摊铺机速度。同理可比较 $3S$ 和 S_{10} ，得出复压压路机的配置数量。

（4）确定运料车。在实际施工中，由水泥稳定碎石拌和设备生产的水稳碎石混合料要及时地运送到施工现场，保证摊铺机的正常摊铺是靠运料汽车完成的。我们选用自卸车作为运输车辆。但究竟选用多少台运料汽车才能与拌和设备、摊铺机、压路机进行最佳组合，最大限度发挥机械的利用率，则进行如下分析：

根据

$$Q_K = GE/C_m \tag{16.28}$$

式中　Q_K ——运料车单位时间作业量，t/h；

　　　G ——运料车每次运量，t；

　　　E ——作业效率，取 $E = 0.8$ ；

　　　C_m ——每次循环时间（以最初距离为准），h；

运料车辆数　　　　　　　　$n_k = \dfrac{Q_B}{Q_K}$

考虑到随着摊铺的进行，运料车的运距会发生变化，所以这个配置只是最开始工作时的配置，在工作过程中必须不断改变。

（5）确定搅拌站上料装载机。

根据

$$Q_Z = V_H KE/C_m \tag{16.29}$$

式中　Q_Z ——装载机单位时间作业量，m³/h；

　　　V_H ——铲斗额定容量，m³；

　　　K ——铲斗充满系数，取 $K = 0.9$ ；

　　　E ——作业效率，取 $E = 0.8$ ；

　　　C_m ——工作一次循环时间，h；

装载机台数　　　　　　　　$n_x = Q_B/Q_Z$

16.3.2　考虑材料因素的机群配置方法

上述的机群配置方案并没有考虑材料因素，但在实际水泥就地冷再生路面施工中，必须考虑材料的影响，这其中主要是水泥的凝结时间问题。采用冷再生结构层与水稳层分层间断施工工艺的情况下，须保证碾压工序在水泥初凝之前完成；采用冷再生结构层与普通水稳层双层连续施工工艺，则须保证两层的碾压工序在水泥初凝之前完成。

1. 分层间断施工工艺

1）冷再生结构层的施工作业机械及数量

在分层间断施工过程中，机群配置方案应该有两项控制参数，即水泥的初凝时间 T 与铣刨机械作业段落最大长度 L。

（1）确定铣刨机械作业所用时间 t_x：

$$t_x = L \times B / V_x (B_x - 0.2) N_x k_x \tag{16.30}$$

式中　L——铣刨接卸作业段落最大长度，m；

　　　　B——结构层单幅宽度，m；

　　　　V_x——铣刨速度，m/min；

　　　　B_x——铣刨宽度，m；

　　　　K_x——台套数，无量纲；

$$k_x = 1 - t_d/t \tag{16.31}$$

其中：t_d——铣刨机每天迁移所用时间，h；

　　　　t——每天作业时间，h。

（2）确定稳压作业所需时间 t_w：

$$t_w = L \times B / V_y (B_y - 0.3) \times t \times M_y \times N_y \tag{16.32}$$

式中　B_y——稳压宽度，m；

　　　　V_y——稳压速度，m/min；

　　　　M_y——稳压遍数，无量纲。

　　　　N_y——台套数，无量纲。

（3）确定平地机作业所需时间 t_p：

$$t_p = L \times B / V_p \times B_p \times E_p \times M_p \times N_p \tag{16.33}$$

式中　B_p——平地机作业宽度，m；

　　　　V_p——平地机作业速度，m/min；

　　　　M_p——平地机作业遍数，无量纲；

　　　　E_p——平地机作业效率，取 0.5；

　　　　N_p——平地机作业台数，无量纲。

（4）确定碾压作业所需时间。碾压工艺为钢轮压路机静压 1 遍→振动压路机振压 6 遍 + 胶轮压路机碾压 1 遍→钢轮压路机收光 1 遍。

由于初压、复压、终压各碾压阶段之间衔接十分紧密，复压阶段占用时间最长，因此，可以复压阶段碾压时间作为控制时间 t'_y：

$$t'_y = L \times B / V_{复压} \times (L_轮 - 0.4) \times M'_y \times N'_y \tag{16.34}$$

式中　$L_轮$——压路机碾压宽度，m；

　　　　V'_y——压路机作业速度，m/min；

　　　　M'_y——压路机作业遍数，无量纲；

　　　　N'_y——压路机作业台数，无量纲。

那么，在机群配置过程中，应该满足以下条件，$t_x + t_y + t_p + t'_y \leqslant$ 水泥的初凝时间 T，如果不能满足要求，可以通过以下两种方式进行调整：

①使用缓凝剂，增大水泥的初凝时间。

②缩短铣刨机械作业路段长度。

2) 水泥稳定碎石结构层施工机械与数量

(1) 确定铺筑水泥稳定碎石基层每天所需混合料的量 Q_L。水泥稳定碎石结构层施工速度应该与水泥冷再生底基层施工速度相匹配，假设每天的施工时间为 t，则冷再生结构层每天的施工面积为 $t \times B \times L / (t_x + t_y + t_p + t'_y)$，水泥稳定碎石基层每天施工需要的混合料量 Q_L 为

$$Q_L = t \times B \times L \times \rho \times h_{水稳} / (tx + ty + tp + t'_y) \tag{16.35}$$

式中，t——每天作业时间；

　　L——铣刨接卸作业段落最大长度，m；

　　B——结构层单幅宽度，m；

　　ρ——成型后水稳结构层毛体积密度，t/m^3；

　$h_{水稳}$——水稳结构层厚度，m。

(2) 由于施工中必然会出现水稳混合料的损失，按照摊铺作业施工的一般要求，在保证路面工程质量和工艺要求的前提下，摊铺机的摊铺能力应大于计算所需水稳混合料的 10% ~ 15%，然后调整摊铺速度，使摊铺速度满足运料车所提供的供料数量，两者的工作能力保持平衡。

由公式 $Q_B = Q_L / K_t$ 得出拌和站生产能力，摊铺机的选配和摊铺速度由下式计算：

$$Q_T = Q_B K_{t1} \tag{16.36}$$

所以，摊铺机所用台数 $n = Q_T / q_t$。

(3) 压路机的选配。压路机作业是保证路面施工的重要环节，它直接关系着路面的密实度和平整度，其压实效果受混合料性质、级配、厚度、压路机性能、碾压速度、压实温度及有效压实时间等因素影响，在其性能符合规范的前提下压实能力由设备的结构和性能参数决定。有两种选配方法：一种是按压实面积，另一种是按压实方量。我们采用按压实面积初选，以摊铺机摊铺后完成碾压时间校核。

水稳混合料的压实程度是影响路面使用性能的主要因素之一，铺筑耐久性、和易性好的路面关键在于压实。通过压实可使空隙率减少，集料颗粒重新排列，紧密接触，相互嵌挤以及粒料间相互紧密的黏结，密度增大。压实效果好，使用寿命长，耐久性好；否则路面易产生早期破坏，影响路面的正常使用。

实践证明，合理地选用振动压路机，不仅可以大大提高水稳材料的碾压效果和生产效率，还可以减少碾压设备的工作台数和碾压次数。从道路铺筑材料压实施工方法的要求出发，初压到终压所用压路机应遵循先轻后重的原则，而行驶速度也应由低到高。根据这个原则，在实际施工中选用：

①双钢轮初压 2 遍——→振动压路机振压 3 遍——→胶轮压路机终压 2 遍。

②根据每天预计可摊铺面积：

$$S = 60VLt \tag{16.37}$$

式中，V——摊铺速度，m/min；

　　L——路面宽度，m；

　　t——每天工作时间，h。

③选初压压路机数量。总压实面积为 $2S$；假定每天工作 10 h。10 h 碾压面积：

$$S_{10} = V_{初压}(L_轮 - 0.3) \times t \tag{16.38}$$

式中 0.3 m 为轮迹重叠尺寸。

④选复压压路机数量。总压实面积 3S；10 h 碾压面积：

$$S_{10} = V_{复压}(L_轮 - 0.4) \times t \qquad (16.39)$$

式中 0.4 m 为轮迹重叠尺寸。

⑤选终压压路机数量。终压实面积 2S；10 h 碾压面积：

$$S_{10} = V_{终压}(L_轮 - 0.12) \times t \qquad (16.40)$$

比较 S_{10} 和 2S，若 $S_{10} > 2S$，表示一台压路机可以满足生产任务，否则需要添置压路机，或者改变摊铺机速度。同理可比较 3S 和 S_{10}，得出复压压路机的配置数量。

（4）确定运料车。在实际施工中，由水稳拌和设备生产的水稳碎石要及时地运送到施工现场，保证摊铺机的正常摊铺是靠运料汽车完成的。我们选用自卸车作为运输车辆。但究竟选用多少台运料汽车才能与拌和设备、摊铺机、压路机进行最佳组合，最大限度发挥机械的利用率，则进行如下分析：

根据

$$Q_K = GE/C_m \qquad (16.41)$$

式中 Q_K——运料车单位时间作业量，t/h；

G——运料车每次运量，t；

E——作业效率，取 $E = 0.8$；

C_m——每次循环时间（以最初距离为准），h；

运料车辆数 $$n_k = \frac{Q_B}{Q_K}$$

考虑到随着摊铺的进行，运料车的运距会发生变化，所以这个配置只是最开始工作时的配置，在工作过程中必须不断改变。

（5）确定搅拌站上料装载机

根据

$$Q_Z = V_H KE/C_m \qquad (16.42)$$

式中 Q_Z——装载机单位时间作业量，m^3/h；

V_H——铲斗额定容量，m^3；

K——铲斗充满系数，取 $K = 0.9$；

E——作业效率，取 $E = 0.8$；

C_m——工作一次循环时间，h；

装载机台数 $$n_x = Q_B/Q_Z$$

2. 双层连续施工工艺

在双层连续施工过程中，机群配置方案应该有两项控制参数，即水泥的初凝时间 T 与铣刨机械作业段落最大长度 L。

（1）确定铣刨机械作业所用时间 t_x：

$$t_x = L \times B/V_x(B_x - 0.2)N_x k_x \qquad (16.43)$$

式中 L——铣刨接卸作业段落最大长度，m；

B——结构层单幅宽度，m；

V_x——铣刨速度，m/min；

B_x——铣刨宽度，m；

k_x——台套数，无量纲；

$$k_x = 1 - t_d/t$$

其中：t_d——铣刨机每天迁移所用时间，h；

t——每天作业时间，h；

（2）确定稳压作业所需时间 t_w：

$$t_w = L \times B/ V_y(B_y - 0.3) \times t \times M_y \times N_y \qquad (16.44)$$

式中　B_y——稳压宽度，m；

V_y——稳压速度，m/min；

M_y——稳压遍数，无量纲；

N_y——台套数，无量纲；

（3）确定平地机作业所需时间 t_p：

$$t_p = L \times B/V_p \times B_p \times E_p \times M_p \times N_p \qquad (16.45)$$

式中　B_p——平地机作业宽度，m；

V_p——平地机作业速度，m/min；

M_p——平地机作业遍数，无量纲；

E_p——平地机作业效率，取 0.5；

N_p——平地机作业台数，无量纲。

（4）水稳结构层摊铺、碾压作业所需时间。碾压工艺为钢轮压路机静压 1 遍→振动压路机振压 6~7 遍+胶轮压路机碾压 1 遍→钢轮压路机收光 1 遍。

由于摊铺、初压、复压、终压各碾压阶段之间衔接十分紧密，复压阶段占用时间最长，因此，可以复压阶段碾压时间作为控制时间 t'_y：

$$t'_y = L \times B/ V_{复压} \times (L_轮 - 0.4) \times M'_y \times N'_y \qquad (16.46)$$

式中　$L_轮$——压路机碾压宽度，m；

V'_y——压路机作业速度，m/min；

M'_y——压路机作业遍数，无量纲；

N'_y——压路机作业台数，无量纲。

那么，在机群配置过程中，应该满足以下条件，$t_x+t_y+t_p+t'_y \leqslant$ 水泥的初凝时间 T，如果不能满足要求，可以通过以下两种方式进行调整：

①使用缓凝剂，增大水泥的初凝时间。

②缩短铣刨机械作业路段长度。

（5）确定铺筑水泥稳定碎石基层每天所需混合料的量 Q_L。水泥稳定碎石结构层施工速度应该与水泥冷再生底基层施工速度相匹配，假设每天的施工时间为 t，那么冷再生结构层每天的施工面积为 $t \times B \times L/(t_x+t_y+t_p+t'_y)$，水泥稳定碎石基层每天施工需要的混合料量 Q_L 为

$$Q_L = t \times B \times L \times \rho \times h_{水稳}/(t_x + t_y + t_p + t'_y) \qquad (16.47)$$

式中　t——每天作业时间；

L——铣刨接卸作业段落最大长度，m；

B——结构层单幅宽度，m；

ρ——成型后水稳结构层毛体积密度，t/m³；

$h_{水稳}$——水稳结构层厚度，m。

（6）确定运料车。在实际施工中，由水稳拌和设备生产的水稳混合料要及时地运送到施工现场，保证摊铺机的正常摊铺是靠运料汽车完成的。我们选用自卸车作为运输车辆。但究竟选用多少台运料汽车才能与拌和设备、摊铺机、压路机进行最佳组合，最大限度发挥机械的利用率，则进行如下分析：

根据

$$Q_K = GE/C_m \tag{16.48}$$

式中　Q_K——运料车单位时间作业量，t/h；

G——运料车每次运量，t；

E——作业效率，取 $E = 0.8$；

C_m——每次循环时间（以最初距离为准），h。

运料车辆数

$$n_k = \frac{Q_B}{Q_K}$$

考虑到随着摊铺的进行，运料车的运距会发生变化，所以这个配置只是最开始工作时的配置，在工作过程中必须不断改变。

（7）确定搅拌站上料装载机。

根据

$$Q_Z = V_H K E/C_m \tag{16.49}$$

式中　Q_Z——装载机单位时间作业量，m³/h；

V_H——铲斗额定容量，m³；

K——铲斗充满系数，取 $K = 0.9$；

E——作业效率，取 $E = 0.8$；

C_m——工作一次循环时间，h。

装载机台数　　　　　　　　$n_x = Q_B/Q_Z$

16.3.3　机群配置方案

通过以上机群配置方法，结合泰楼路大修工程的工程特点及冷再生结构层与普通水稳层双层连续施工工艺的施工特点，本课题组最终确定了双层连续施工工艺的机群配置方案。

施工机械及参数表见表 16.2。

表 16.2　施工机械及参数表

机械名称	规格型号	额定功率/kW 或容量/m³ 或吨位/t	厂牌及出厂时间	数量/台
1. 运输机械				
1.1 自卸汽车	ZZ3322M2940N	236 kW、19 T	济南/2008	5

续上表

机械名称	规格型号	额定功率/kW 或容量/m³或吨位/t	厂牌及出厂时间	数量/台
2. 路面机械				
2.1 稳定土拌和站（自动控制）	WBZ600-D	600 T/H	海阳/2014	1
2.2 水泥稳定碎石摊铺机	SP90-1	9 m	北京/2012	1
	SP120-1	12 m	北京/2012	1
2.3 沥青路面冷再生设备	WR2500	448 kW，2.5 m	徐州/2013	2
2.4 平地机	PQ190Ⅱ	145 kW、3.96 m	长沙/2008	1
2.5 双轮钢筒式压路机	XD130	97 kW、13 T	徐州/2008	2
	DD130	130 kW、13 T	美国/2009	2
2.6 轮胎压路机	YL28C	82 kW、28 T	长沙/2008	1
2.7 装载机	ZL50D	154 kW、3m³	济宁/2008	2
	ZL50E	154 kW、3m³	徐州/2010	2
2.8 振动压路机	3625HT	173 kW、振动碾压能力 50 T 以上	北京/2008	1
	XSM222	136 kW、振动碾压能力 50 T 以上	徐州/2008	1
2.9 三轮静压路机	3Y18-21	74 kW/18-21T	徐工/2013	1
2.10 单钢轮振动压路机	LSS220	132 kW/20 t/激振力 350 kN	洛阳建筑机械厂/2012	1
2.11 洒水车	SZQ9170GSS	160 kW、10 000 L	北京/2008	2
3. 其他设备				
3.1 发电机	120GF	120 kW、120 kW	泰安/2010	1
3.2 变压器	SC9-400	400 kW、400 kV·A	济南/2009	1

具体机群配置方案如下。

（1）选取 200 m 为一个施工段。采用洒水车配合 WR2500 再生机进行旧路面破碎，该机最大工作宽度 250 cm，最大作业深度 430 cm，能保证连续破碎，具有很高的生产率。

（2）撒布水泥，然后由洒水车配合两台冷再生机开始铣刨拌和，拌和时先设定拌和深度为 18 cm，相邻两幅拌和应重叠 20~30 cm，避免出现条梗，行进速度根据路面损坏状况和再生深度进行调整，一般为 4~10 m/min，使得铣刨后料的级配波动范围不大。网裂严重地段应降低再生机组行进速度，提高铣刨转子转速。

（3）整幅路段拌和完毕，用两台 50 t 振动压路机进行稳压 2 遍，用平地机初步整平。测量人员控制纵断高程和横坡度，保证平整度。整形后的再生层表面应无集料离析现象。

（4）对再生层初步稳压、整平后，经快速检测压实度合格后，立即使用自卸汽车配合水泥稳定碎石摊铺机进行基层水泥稳定碎石的摊铺。

（5）摊铺后及时上机碾压，检测含水量必须等于或大于最佳含水量。碾压顺序为用两台50 t 振动压路机静压 1 遍，振动压路机振压 6~7 遍，胶轮压路机碾压 1 遍，钢轮压路机收光 1 遍。碾压后外观平整，无明显轮迹，及时检测压实度。

参 考 文 献

[1] 中华人民共和国交通运输部. 2015 年交通运输行业发展统计公报. 2016-05-06.

[2] 王绍怀, 邹桂莲, 张肖宁. 旧沥青混合料厂拌热再生技术在广佛高速公路路面大修工程中的应用研究 [J]. 公路交通科技, 2006, 23 (9): 134-139.

[3] 孟华君. 长沙市政厂拌热再生沥青混合料试验研究 [D]. 长沙: 长沙理工大学, 2013.

[4] 时彪. 厂拌热再生技术在迁曹线大修工程的应用研究 [D]. 北京: 北京建筑大学, 2014.

[5] 吴志友, 赵前军, 梁冰, 等. 废旧沥青混合料厂拌热再生利用技术研究 [J]. 中国公路, 2011, (15): 114-115.

[6] 黄晓明, 赵永利, 江臣. 沥青路面再生利用试验分析 [J]. 岩土工程学报, 2001, 23 (4): 468-471.

[7] 刘娜. 泡沫沥青与乳化沥青冷再生混合料中长期使用性能研究 [D]. 西安: 长安大学, 2012.

[8] 张宁. 养护技术再现政策利好 [J]. 中国公路, 2012, (21): 113-113.

[9] 翁大庆, 蔡萍, 李从光, 等. 旧沥青混合料再生利用技术的探索与实践 [J]. 公路, 2002, (7): 22-24.

[10] 黄晓明, 赵永利. 沥青路面再生利用理论与实践 [M]. 北京: 科学出版社, 2014.

[11] 张清平. 沥青路面现场热再生技术研究 [D]. 长沙: 长沙理工大学, 2011.

[12] 美国沥青再生协会 (ARRA). 美国沥青再生指南 [M]. 深圳海川工程科技有限公司译. 北京: 人民交通出版社, 2006.

[13] 拾方治, 马卫民, 吕伟民. 沥青路面再生技术手册 [M]. 北京: 人民交通出版社. 2006, (84).

[14] 张辉. 沥青路面热再生技术研究 [D]. 西安: 长安大学, 2006.

[15] 季正军. 贵州省黔西南州农村公路沥青路面热再生技术应用研究 [D]. 重庆: 重庆交通大学, 2014.

[16] 杨平, 聂艺华, 查旭东. 旧沥青路面材料再生利用调查和评价 [J]. 中外公路, 2005, 25 (1): 98-101.

[17] 樊统江, 徐栋良, 贾敬鹏, 陈富强. 沥青砼路面再生技术及其在国外的发展. 重庆交通学院学报, 2007, 26 (3): 82-87.

[18] 黄颂昌, 彭明文, 徐剑. 国内外沥青路面再生技术应用 [J]. 公路交通科技. 2006, (11): 5-8.

[19] 杨林江. 沥青路面厂拌再生利用设计与施工技术 [M]. 北京: 人民交通出版社, 2008.

[20] 张文会. 沥青路面厂拌热再生技术研究 [D]. 西安: 长安大学, 2004.

[21] EAPA-European Asphalt Pavement Association. Arguments to stimulate the government to promote asphalt reuse and recycling [J]. Position Paper, 2008, 21.

[22] 薛彦卿, 黄晓明. 厂拌热再生沥青混合料在含 LSPM 路面结构中的应用及评价 [J]. 湖南大学学报: 自然科学版, 2011, 38 (10): 26-33.

[23] 王峻. 厂拌热再生沥青混合料在面层应用的研究 [D]. 大连: 大连理工大学, 2013.

[24] 张新波. 热再生技术在浙江沪杭甬高速上的应用 [D]. 长春: 吉林大学, 2014.

[25] 魏荣梅. 道路沥青的老化与再生研究 [D]. 武汉: 武汉理工大学, 2006.

[26] Paul H. Evaluation of recycled projects for performance [J]. Asphalt Paving Technology, 1996, 65: 231-254.

[27] Transportation Research Board Business Office. " Recycling Materials from Highways" [R]. Nchrp Synthesis of Highway Practice No. 54, Washington, DC, 1978.

[28] Rusnak, James S. , Haiping Zhou, and Scott E. Woodburn Hot in-Plant Asphalt Pavement Recycling Project [J] . 1992.

[29] Thakur P E S C, Chong O, Parsons R L. Laboratory Evaluation of Characteristics of Recycled Asphalt Pavement in Kansas [R]. Kansas Department of Transportation, 2011.

［30］Rao S S, Watson D E, Young B. Performance of recycled hot mix asphalt mixtures ［R］. Auburn: National Center for Asphalt Technology, 1995.

［31］Pratheepan, Kandiah. Use of Reclaimed Asphalt Pavements (RAP) in Airfield HMA Pavements ［M］. ProQuest, 2008.

［32］Visintine, Beth. An Investigation of Various Percentages of Reclaimed Asphalt Pavement on the Performance of Asphalt Pavements ［J］. 2011.

［33］Mcdaniel R S, Soleymani H, Anderson R M, et al. Recommended Use of Reclaimed Asphalt Pavement in the Superpave Mix Design Method ［J］. Nchrp Web Document, 2000.

［34］Baoshan Huang. Guoqiang Li. Dragan Vukosavljevic. et al. Laboratory investigation of mixing hot-mix asphalt with reclaimed asphalt pavement ［J］. Transportation Research Record, 2005, 1929: 37-45.

［35］Karlsson R, Isacsson U. Application of FTIR-ATR to Characterization of Bitumen Rejuvenator Diffusion ［J］. Journal of Materials in Civil Engineering, 2003, 15 (2): 157-165.

［36］Davidson D, Canessa W, Escobar S J. "Recycling of Substandard and Deteriorated Asphalt Pavements-A Guideline for Design," Proceedings, AAPT, Vol. 46, 1977, PP. 496-517.

［37］Carpenter S H, Wolosick J R. Modifier Influence in the Characterization of Hot-mix Recycled Material ［J］. Transportation Research Record, 1980, (777).

［38］Epps J A. Guidelines for Recycling Asphalt Pavements ［J］. Journal of the Association of Asphalt Paving Technologists, 1980: 12-13.

［39］Huffman J E. Update on Asphalt concrete Recycling ［J］. Reclamation Better roads, 1998: 18-22.

［40］Fields C. Survey on RAP Use ［J］. Presentation at Reclaimed Asphalt Pavement Expert Task Group (July 9-10, 2007), 2007.

［41］Application of Reclaimed Asphalt Pavement and Recycled Asphalt Shingles in Hot-Mix Asphalt: National and International Perspectives on Current Practice. Papers from a Workshop, January 12, 2014, Washington, D. C. ［J］. Transportation Research E-Circular, 2014.

［42］Brownridge J. The role of an asphalt rejuvenator in pavement preservation: use and need for asphalt rejuvenation ［C］//First International Conference on Pavement Preservation. 2010.

［43］Al-Qadi I L, Elseifi M, Carpenter S H. Reclaimed asphalt pavementa literature review ［J］. FHVVA-ICT-07-001, 2007.

［44］Lee T C, Terrel R L, Mahoney J P. Test for efficiency of mixing of recycled asphalt paving mixtures. 1983.

［45］Stephens J E, Mahoney J. Dippold C. Determination of the PG Binder Grade to Use in a RAP Mix ［J］. Report No. JHR 00-278, Connecticut Department of Transportation, 2001.

［46］Shirodkar P, Mehta Y, Nolan A, et al. A study to determine the degree of pat-tial blending of reclaimed asphalt pavement (RAP) binder for high RAP hot mix asphalt ［J］. Construction and Building Materials, 2011, 25 (1): 150-155.

［47］Asphalt Recyeling and Reclaiming Assoeiation. An Overview of Recyeling and Reclamation Methods for Asphalt Pavemeni Rehabilitation ［R］. USA, Maryland, 1992.

［48］Asphalt Recyeling and Reclaiming Assoeiation. Guideline specifications for hot in-place recyeling ［S］. USA, Maryland, 1997.

［49］Austroads. Asphalt recyeling guide ［M］. Sydney, Australia, 1997.

［50］Mannual No. 198. Cold base course mixes. Public Roads Adiministration, NRRL, Oslo, 2000.

［51］K. J. Jenkins. Mix Design Considerations for Cold and Half-Warm Bitumious Mixes with Emphasis on Foamed Bitumen. PHD Dissertation, University of Stellenbosch, Stellenbosch, 2000.

［52］Jiri Fiser, Michal Varaus. Cold Recycling of Pavements in the Czech Republic. In：International RILEM Conference on the Use of Recycled Materials in Building and Structures, Bagneux, 2004, 3~7.

［53］Liu, Tao. Ming, Tuzhang. Hu, Guangwei. Analysis of research topic on cement cold-recycled base of high-grade highways［J］. Mechanics and Materials, 2012, 204-208：1730~1735.

［54］陈治君，郝培文. 应用显微镜图像分析技术评估再生沥青混凝土的融合程度［J］. 中外公路. 2013, 33（6）：220-225.

［55］吕伟民，严家汲. 沥青路面再生技术［M］. 北京：人民交通出版社，1989.

［56］张道义. 沥青再生剂开发与性能研究［D］. 南京：东南大学，2009.

［57］李严. 再生剂对就地热再生沥青混合料路用性能的影响［D］. 南京：南京林业大学，2009.

［58］谢娟，范建华，伍石生. 沥青混凝土工厂热再生配合比设计及沥青再生剂研究［J］. 公路，2008, 9：368-372.

［59］成家胜. 旧沥青路面再生剂及再生方法研究［D］. 大连：大连理工大学，2005.

［60］候睿. 沥青抽提方法评价与就地热再生技术研究［D］. 南京：东南大学，2006.

［61］杨建明，杨仕教，熊韶峰，等. 旧沥青路面再生研究的现状与工艺［J］. 南华大学学报：理工版，2003, 17（1）：11-15.

［62］张金喜，李娟. 我国废旧沥青混合料再生利用的现状和课题［J］. 市政技术，2005, 23（6）：340-344.

［63］郑南翔，侯月琴，纪小平. 老化沥青再生性能的预估分析［J］. 长安大学学报，2009, 29（3）.

［64］耿九光. 沥青老化机理及再生技术研究［D］. 西安：长安大学，2009.

［65］杨毅文，马涛，卞国剑，金晶，黄晓明. 老化沥青热再生有效再生率检测方法［J］. 建筑材料学报，2011, 03：418-422.

［66］张争奇，梁晓莉，李平. 沥青老化性能评价方法［J］. 交通运输工程学报，2005, 5（1）：1-5.

［67］杨晓君. 沥青老化规律及再生机理［J］. 交通世界，2012,（1）：196-197.

［68］李海军. 沥青路面热再生机理及应用技术研究［D］. 南京：东南大学，2005.

［69］刘铁军，王书杰. 集料级配变异对沥青混合料路用性能的影响及应对措施［J］. 公路交通科技：应用技术版，2015,（10）：126-129.

［70］郭其杰. 再生骨料强化处理以及在沥青稳定碎石中的应用研究［D］. 西安：长安大学，2014.

［71］许志鸿，刘红，王宇辉，等. 细集料对沥青混合料性能的影响［J］. 中国公路学报，2001, 14（21）：27-30.

［72］谢百慧. 细集料对沥青混合料路用性能影响研究［J］. 交通科技与经济，2015,（3）：109-111.

［73］柴彩萍，陈忠达. 集料的粒度分布对沥青混合料路用性能的影响［J］. Gansuence and Technology, 2005, 21（3）：142-143.

［74］陈璟. 细集料对沥青混合料性能的影响研究［D］. 西安：长安大学，2007.

［75］张国良，王钊. 细集料含量对泡沫沥青冷再生混合料性能的影响［J］. 公路交通科技：应用技术版，2011,（12）：138-140.

［76］许萌，李志超，陈杰. 集料特性对沥青混合料抗剪性能的影响研究［J］. 山东交通学院学报，2014, 22（3）：62-65.

［77］祖加辉，肖田. 细集料对沥青混合料路用性能的影响研究［J］. 山西建筑，2010, 36（36）：156-157.

［78］刘洪海，胡国华，袁红庆. 沥青混合料拌和均匀性的理论研究［C］. 中国公路学会筑路机械分会学术年会. 2005.

［79］郭德栋. 基于微波与磁铁耦合效应的融雪除冰路面技术研究［D］. 西安：长安大学，2011.

［80］王衡，杨大田. 沥青膜厚度对沥青混合料老化性质的影响［J］. 重庆交通学院学报，2006, 25（2）：49-51.

[81] 张宇,孙鸿伟.密级配沥青混合料沥青膜厚度优选 [J].山西建筑,2008,34(28):176-178.

[82] 刘红瑛.沥青膜厚对沥青混合料工程性能的影响 [J].公路交通技术,2004,(3):30-34.

[83] 刘寒冰,吕得保.沥青混合料沥青膜厚度的确定 [J].吉林大学学报:工学版,2011,(52):153-158.

[84] 李娜,吴瑞麟,李向东,等.重交沥青AC-25I混合料优化设计 [J].华中科技大学学报:城市科学版,2006,23(21):16-18.

[85] 陈端阳.再生沥青混合料配合比设计及路用 [J].中南公路工程,2004,29(3):84-88.

[86] 季节,高建立,罗晓辉,等.热再生沥青混合料的配合比设计 [J].公路,2004,3:73-77.

[87] 谢娟,范建华,伍石生.沥青混凝土工厂热再生配合比设计及沥青再生剂研究 [J].公路,2008,9:368-372.

[88] 林翔,张金喜,苗英豪,等.再生沥青混合料配合比设计影响因素试验研究 [J].公路交通科技,2011,28(2):14-19.

[89] 王秉纲,邓学钧.路面力学数值计算 [M].北京:人民交通出版社,1995.

[90] 沈蒲生,梁兴文.混凝土结构设计原理 [M].3版.北京:高等教育出版社.2007,341~343.

[91] 刘涛.水泥冷再生基层技术研究 [D].重庆:重庆大学,2011.

[92] 李再新.水泥稳定碎石混合料路用性能及指标相关性研究 [D].南京:东南大学,2007.

[93] 苏晓艳.全深式就地冷再生路面基层质量控制 [D].西安:长安大学,2010.

[94] 范春娇.沥青路面就地冷再生技术研究 [D].西安:长安大学,2008年.

[95] 杨修志,张胜,唐相伟,张传礼.旧路面材料冷拌再生基层施工工艺与质量控制 [J],公路,2004(2):137~138.

[96] 李强,马松林,王鹏飞等.水泥稳定废旧沥青混合料路用性能试验研究 [J].公路交通科技,2004,21(5):25~28.

[97] 曾令永,季鹏,奚丽珍.沥青路面现场热再生技术在沪宁高速公路大修工程中的应用与研究 [C].第二届中国国际沥青大会论文集,北海,2004.3.

[98] 耿九光,戴经梁,原健安.回收沥青中残留矿粉沉降理论分析及去除方法研究 [J].公路交通科技,2010,27(09):23-27+43.

[99] 樊亮,李永振,林江涛.旋转蒸发器法回收沥青空白试验研究 [J].公路,2013(10):194-196.

[100] 唐颂,孙元鹏.抽提回收过程对不同沥青结合料适用性研究 [J].中外公路,2014,(4):339-343.

[101] 方杨,李善强,刘宇.厂拌热再生沥青混合料水稳定性能研究 [J].重庆交通大学学报(自然科学版),2013,(05):961-964.

[102] 朱梦良,孟华君.回收料掺量对沥青混合料马歇尔物理力学指标的影响 [J].长沙理工大学学报:自然科学版,2012,9(2):7-12,86.